Ⓢ新潮新書

中溝康隆
NAKAMIZO Yasutaka

現役引退

プロ野球名選手「最後の1年」

907

新潮社

はじめに

「あの選手の現役最終年ってどんな感じだった？」

野球ファン同士で、球場帰りにそんな話題になることがある。みんな、スター選手の全盛期の活躍はよく覚えている。あのタイトルを獲ったとか、優勝の立役者になったという輝かしい経歴の数々。だけど、現役晩年、特に「最後の1年」の成績まではほとんど記憶にない。仮に引退試合は覚えていても、そこにいたるまでの過程の記憶が抜け落ちているのだ。過去とは美化された嘘である。当時のスポーツ新聞や雑誌を確認して、あらためて忘れていた意外な事実に驚くことも多い。

まだバリバリの主力を張りながら身を引いた選手もいれば、自由契約後の移籍先で一軍出場のないまま静かにユニフォームを脱いだり、トレードを拒否して球界を去ったりしたケースもある。まさにプロ野球、男たちの挽歌。いつの時代も、「現役引退」には普遍的なドラマがある。プロとしてのキャリアの始まりはほぼ横一線でも、終わり方は人それぞれだ。どう選手生命を終えるか……それは、どう生きるかという問いでもある。

令和の日常、コロナ禍をきっかけに仕事との向き合い方が変わった人も多いのではないだろうか？　新人時代から、雨の日も風の日も満員電車に揺られてガムシャラに働いてきたら、すっかりリモートワークが定着。付き合いで向かう夜の街もご無沙汰で、自宅で過ごす時間も増えた。真夜中、缶チューハイ片手にひとり「自分はいつまでこの仕事を続けるのだろうか？」なんて一寸考えたりもする。不思議なことにそんなうら寂しい夜は、無性にプロ野球が恋しくなるのだ。そして、あの偉大な選手たちがどういう引き際だったのか、グラウンドに刻んだ生き様を振り返りたくなる。

さあ、あなたはどうする？　余力を残して次のステージへ行くか、それとも体力の限界まであがくのか――。

現役引退　プロ野球名選手「最後の1年」　目次

1．ラストイヤーも30本塁打

——王貞治（1980年・読売ジャイアンツ）

40歳で年間30本塁打を放ちながら、現役引退した伝説の男。

気が付けば一般教養レベルで王貞治の存在を知っていた、という野球ファンは多いと思う。自分もそのひとりだ。小学校の図書館で「戦後史の一部」として伝記を読み、昭和を振り返るテレビ番組で繰り返し世界記録の756号アーチの映像を見た。つまり、あの頃の王貞治は巨人軍というより、時代そのものを背負っていたのである。

その世界のホームラン王が、現役最終年に30本塁打を放っていることは有名だ。ただ、巨人V9時代の長嶋茂雄とのON砲、前人未到の通算868本塁打、13年連続本塁打王、シーズン55号、史上最多の9度のMVP、こちらもNPB（日本野球機構）トップの2170打点、2390四球という偉大な実績は度々語られるが、現役ラストイヤーの1

980（昭和55）年の詳細は意外と知られていないのではないだろうか。その「王貞治、最後の1年」を振り返ってみよう。

実は引退数年前から、王の年齢は度々メディアで話題になっていた。今よりも選手寿命が短く、当時は30代に入るとベテラン扱いする風潮があったのだ。長嶋茂雄新監督が就任して球団初の最下位に沈んだ75年シーズン、35歳の王は左足の故障もあって33本塁打に終わり、連続キングは13年で途切れる（阪神の田淵幸一が43発で初タイトル獲得）。

だが、翌76年に49本でその座を取り返し、長嶋巨人初Vに貢献。世界記録フィーバーで国民栄誉賞に輝いた77年は、37歳にして自身3度目の50本塁打をかっ飛ばし、2年連続でMVPとホームラン王のタイトルに輝く。翌78年も2年連続の開幕戦満塁弾、6月に通算2500安打達成、8月に自身2562試合目で通算800号達成と、世界の王が終わることなどあるのでしょうか……なんて、G党はその衰え知らずの打撃に酔いしれた。

しかし78年終盤には、第4打席の打率低下に加え、76年は16だった右飛が37と急増したことで、全盛期はスタンドに入っていたはずの打球のお辞儀を報知新聞で指摘される。

ここで提案されるのが「4割打者への転向」というのがやはり別次元なわけだが、3000安打男・張本勲の「ワンちゃんがヒット専門に狙いだしたら、オレなんかとても太刀打ちできない。もし日本球界に4割打者が生まれるとしたら、あの人しかいないよ」というコメントがやたらとリアルだ。なお、このシーズン、王は38歳で39本塁打を放ち、ホームラン王こそ広島の山本浩二（44本）に譲ったが、118打点で8年連続、自身13度目の打点王を獲得してみせた。

現役最終打席で本塁打を打つ王貞治（提供：p.191を除き共同通信社）

思えば田淵や山本、若トラ掛布雅之、大阪の野球少年の清原和博にしても、昭和のスラッガーたちはフラミンゴ打法の背中を追いかけて一流打者へと育ったのだ。「三度目の三冠王挑戦を」と意気込む79年開幕前には、「週刊ポスト」79年3月16日号で「39歳・王貞治の肉体限界説を科学する」なんて特集が組まれている。川上哲治や長嶋茂雄の引退は38歳、「ウエイトトレーニングの採用で若返りを図る怪物の努力は、中年サラリーマンも身につまされる」という論調はペナントレース突入後も続く。例年以上にマッサージが入念になった、一本足での静止時間が短くなった……。シーズン序盤から、「王貞治の引退を告げている根拠の数々」(「週刊現代」79年5月10日号)なんて記事が度々週刊誌を賑わせた(なお当時の球界は江川卓の「空白の一日」直後で大騒動となっていた)。

実際、79年の王は6月末まで13本塁打のスローペースで、さらに13号から14号まで53打席を費やし、30打席ノーヒットも経験。5月5、6日には自身初という発熱での欠場もあった。だが、3ホーマーを放ったオールスター戦できっかけを掴むと、後半戦は交錯プレーによる肋骨亀裂骨折に悩まされながらも、2年ぶりの4試合連続アーチを記録するなど巻き返し、33本塁打で終える。しかし、チームは5位に沈み、王自身も22歳での一本足打法転向後初めて打撃タイトルは取れず。翌80年、プロ22年目の「最後の1年」を迎えるわけだ。

開幕前にはプロ入り時の監督でもある恩師・水原茂との「週刊ポスト」80年1月4日

号の対談で、近年は打席に入る際、捕手にニコニコと話しかけることが多くなり、投手を見る時にまだ微笑みが残って頬が緩んでいることを指摘される。これに対し、「ウーン、なるほど……たしかにボクよりみんな下になっちゃったですからね。だから目を吊り上げてやる雰囲気がだんだんなくなってきた、はっきりとね。ウーン、これは反省しなければいかん」と思わず口にする大ベテラン。年齢も実績も周囲より上、若手選手からしたら巨人の背番号1は野球の神様のような存在である。目標とする相手も目指すべき記録ももうない。なにせ地球上の誰よりも本塁打を放ってきたのだから。

そんな中、ビッグワンは春先に風邪を引いて心配されるが、開幕戦で大洋ホエールズ（現・横浜ＤｅＮＡベイスターズ）のエース平松政次から右翼席へ先制アーチを叩き込む。5月20日に40歳の誕生日を迎え、この頃から相手守備陣の王シフトの逆をつく左翼方向への流し打ちを頻繁に見せるようになる。新たな打撃スタイルを模索しながら、6月12日の広島戦では史上初の通算８５０本塁打を達成。連盟表彰され、試合後の記者会見で「あと2、3年はやりたい。９００号は打ちたい」と宣言した王は、7月14日の神宮球場で1試合3ホーマーの固め打ち。前半戦終了時で打率・２８７、21本塁打はトップの山本浩二（広島）にわずか3本差と迫っていた。

7月19日、西宮球場で行われたオールスター第1戦でも初回に球宴通算13本目のアーチを右中間スタンドに叩き込み、「パ・リーグのボールはよく飛ぶなあ」なんてご機嫌なコメント。さらに後半戦開幕の25日阪神戦で、甲子園の夜空に22号を打ち上げる。……王さんは本当にこの年限りで引退するのだろうか、と思わず原稿を書きながら疑ってしまうくらいの現役バリバリ感である。

しかし、だ。ここから王は17試合連続ホームランなしのスランプに陥ってしまう。そして8月14日の中日戦、それまで得意にしていたマウンド上の戸田善紀のボールをとてつもなく速く感じてしまう。ほんの1カ月前に後楽園で一発を放った投手なのに、今は手も足も出ない。ベンチの中畑清や篠塚利夫ら若手が、「スピードは全然ないんだが……」と言っているのを聞いてさらにショックを受ける40歳のビッグワン。2打席目には「危ない!」と思って見送ったインコースの球がストライク判定された。この時、王は初めてもうダメかもしれないと「引退」を意識する。

夏場以降、マスコミは容赦なく「12球団で最低の4番打者」とか「休養のすすめ」を書き立てる。「終身打率3割という勲章がなくなる、などとは一度も考えたことはない。勲章なら私は誰にも負けないほど持っている」と本音満載の引退直後に出版された自著

『回想』（ケイブンシャ文庫）によると、8月半ばを過ぎた頃、妻に引退するかもと伝え、9月下旬にはCM撮影の際に仮に引退しても迷惑をかけないよう、ユニフォーム姿と私服の二通りの撮影を自ら提案している。以前なら、第1打席で凡退した直後に悔しくて必ずベンチ裏で素振りをしたものだ。だが、今は味方が攻撃しているとき、選手サロンで熱いお茶を啜《すす》りながら週刊誌のページをめくったり、流行りのルービックキューブで気を紛らわせたりする背番号1の姿があった。体はまだできる。だが、心が燃え尽きていたのである。

本人が親しい記者に漏らす言葉も、「このままでは引き下がれない。もう1年だけ踏ん張ってみたい」と言ったかと思うと、「ボールが見えない。技術屋が技術に自信を失ったら終わりだよ」なんて弱気の虫が頭をもたげる。すると9月10日の報知一面でついに「王苦悩激白」「進退もチラリ」と引退を示唆するような見出しが並び、以降各社の報道合戦が繰り広げられる。スポニチやサンスポは現役続行、日刊スポーツは引退説にこだわり続けた。運命の巡り合わせか、時を同じくして長嶋監督の周辺も進退問題でにわかに騒がしくなる。球団大物OBの長嶋解任を匂わすような発言は、様々な憶測を呼んだ。

注目の背番号1は9月20日の広島戦で自身最後の1試合2ホーマーを放つも、21日から28日にかけて、22打席連続ノーヒット。10月2日、29号アーチを放った遠征先の浜松のホテルで、ミスターに呼ばれた王は現役続行の可能性を聞かれ、「五分五分です」と答えたが、本心では九分九厘辞めるつもりだったという（2011年に出版された『野球にときめいて 王貞治、半生を語る』［中央公論新社］において、浜松で長嶋監督に「何とかして自分の調子を取り戻したい。ですが今の調子のままだったら今年でやめるという考えを持っています」と伝えたという記述がある）。

10月9日、長谷川実雄球団代表には「九分九厘、辞めると思います」と初めて気持ちを口にして伝えた。それでも残りの一厘にかけて、なにか新しい打ち方はできないものかと早出の打撃練習に打ち込む王は、10月12日、ヤクルト戦で神部年男から19年連続の30号到達となる通算868号を後楽園球場の右翼席へ運ぶ。それでも最後まで納得できる感触は戻って来なかった。15日の本拠地最終戦後、マスコミには「来年も当然やる」とうそぶいたが、苦楽を共にした妻には正直に引退する意志を告げた。しかし、翌16日に正力亨オーナーから強く慰留されるのである。

当然、しばらく野球を離れて釣りやゴルフを楽しみのんびりしようと夢見ていた男は戸惑う。だが天下のＯＮを同時に失うことだけは避けたい球団は、王に「助監督兼選手」プランを提案し、一時は「王の来季は助監督兼４番打者」と報じたメディアもあったほどだ。それでも、王の引退の意志は固かった。30本塁打を打っても、その中身が問題だ。周りはまだやれると言うが、落ち目になってまでユニフォームにしがみついているような姿をさらしたくなかった。当時のＯＮは大相撲の大横綱のような立場だ。番付を落としてまで現役は続けられない。負担を軽減するため、６番や７番を打つことは許されなかった。

王が通算２７８６本目の安打を放った10月20日の広島戦で80年の全日程が終了。直後に引退発表をしようと決めていたら、なんと翌21日に長嶋監督が「男のケジメ」で電撃辞任する。当然、ミスタープロ野球の事実上の解任に世の中は球団批判で溢れ返った。この前後の経緯は前出の『回想』に詳しいが、ここからしばらく王は喧噪の中で本心を隠し、「来季も現役続行」とコメントし続ける。最終的に、藤田元司新監督の強い意向もあり、助監督だけは引き受け、当初の予定通り選手は引退することを11月４日午後５時からの記者会見で正式発表する。この日まで本心を隠し続けたのも、王自身が特定の新聞社にスクープされないよう、お世話になった記者に対し各社平等の共同記者会見というスタイルにこだわったためである。

「口はばったい言い方になるかもしれませんが、王貞治のバッティングができなくなったからです」

本人はそう引退理由を語ったが、80年の打撃成績は打率・236こそセ・リーグ規定打席到達者で最下位だったものの、30本塁打、84打点はそれぞれチーム最多でリーグ4位。40歳シーズンも、欠場は前夜に死球を受けた5月29日の大洋戦1試合のみで129試合に出場している（当時は130試合制）。

11月23日、後楽園球場のファン感謝デーで引退挨拶。ファーストミットを一塁に、バットをホームベースに置き、世界の王は厳《おごそ》かにグラウンドを去った。その後、OB戦等でも50代を超えてなおホームラン級の当たりを軽々と放ったビッグワンの姿に、野球ファンは「もし代打専任なら50歳近くまでできたはず」なんて妄想してしまうのである。

なお、80年当時は秋季オープン戦があり、11月16日の阪神戦（熊本・藤崎台球場）で王は最終打席に右翼席中段へ正真正銘のラストアーチ。ホームベース付近では巨人・阪神両軍ベンチから選手たちが飛び出し、背番号1を出迎えた。これが王貞治にとって、公式戦、オープン戦、オールスター戦などを含め、なんと「通算1032号」の本塁打だった。

恐らく、今後も半永久的に破られることはないであろう世界の王のホームラン記録の数々。三冠王も二度獲得しているが、実は長い球史でたったひとりだけ、これを上回る三度の三冠王に輝いたバットマンがいる。

落合博満である。

1　王貞治

年度	所属球団	試合	打数	安打	本塁打	打点	盗塁	打率
1959	読売	94	193	31	7	25	3	.161
1960	読売	130	426	115	17	71	5	.270
1961	読売	127	396	100	13	53	10	.253
1962	読売	134	497	135	**38**	**85**	6	.272
1963	読売	140	478	146	**40**	106	9	.305
1964	読売	140	472	151	**55**	**119**	6	.320
1965	読売	135	428	138	**42**	**104**	2	.322
1966	読売	129	396	123	**48**	**116**	9	.311
1967	読売	133	426	139	**47**	**108**	3	.326
1968	読売	131	442	144	**49**	119	5	**.326**
1969	読売	130	452	**156**	**44**	103	5	**.345**
1970	読売	129	425	**138**	**47**	93	1	**.325**
1971	読売	130	434	120	**39**	**101**	8	.276
1972	読売	130	456	135	**48**	**120**	2	.296
1973	読売	130	428	**152**	**51**	**114**	2	**.355**
1974	読売	130	385	128	**49**	**107**	1	**.332**
1975	読売	128	393	112	33	**96**	1	.285
1976	読売	122	400	130	**49**	**123**	3	.325
1977	読売	130	432	140	**50**	**124**	1	.324
1978	読売	130	440	132	39	**118**	1	.300
1979	読売	120	407	116	33	81	1	.285
1980	読売	129	444	105	30	84	0	.236
	通算	2831	9250	2786	868	2170	84	.301

記録はNPBの一軍出場のみ。**太字**はリーグ最高。

2．オレ流のまま淡々と
――落合博満（1998年・日本ハムファイターズ）

「自分を一番高く買ってくれる球団と契約したい」

かつてそう堂々と公言して物議を醸《かも》した大打者がいた。ロッテ時代の落合博満である。打率・360、50本塁打、116打点で前人未到の三度目の三冠王に輝いた1986（昭和61）年のオフ、尊敬する稲尾和久監督が去り、現役を引退したばかりの〝ミスターロッテ〞有藤道世が40歳の若さで監督に就任する。その際の条件のひとつが、圧倒的な個人成績で年俸も高騰していた落合の放出だった。要は存在が大きくなりすぎて青年監督には扱いづらいというわけだ。当然、そういう会社の思惑は内側にいれば勘づく。ああそうかい、出されるくらいなら、オレから出てやるさ。落合は黙って組織にその身を委ねるようなタマじゃなかった。冒頭の移籍志願ともとれる発言は、秋の日米野球参加中に放ったジャブである。

そして、86年12月23日に、噂されていた巨人ではなく、こちらも若き星野仙一新監督が率いる中日へのトレードが決まる。背番号は慣れ親しんだ「6」、新年俸は1億3000万円。球界初の1億円プレーヤーが誕生した。あえてオレ流という劇薬でチームを活性化した星野は、就任2年目に中日をリーグ優勝に導き、三冠王を手放す悪手で打線が弱体化したロッテは球団初の2年連続最下位と低迷。有藤はわずか3年でその座を追われることになる。全盛期の落合博満には、多くの男たちの運命を変えてしまう力があった。


あなたはそんなオレ流・落合の現役最終年の打撃成績を知っているだろうか？　個人的に、落合が巨人を追われて日本ハムへ移籍したことはもちろん覚えている。97年のオールスター戦では仰木彬監督の計らいで全パ1番打者として打席に立ち、当時17歳のアイドル広末涼子の始球式に笑顔で付き合っていた。でも、肝心のシーズン成績はどうだったのだろうか？

前年の96年オフ、西武の清原和博が死にたいくらいに憧れた巨人へのＦＡ移籍が秒読み段階に。そうなると、一塁のポジションが被る落合はどうするのか？　そのシーズン、42歳の元三冠王は8月末に死球を受けて左手小指を骨折するアクシデントに見舞われながらも、打率・301、21本塁打、86打点、OPS（出塁率と長打率を足し合わせた数値）・924と年齢を感じさせない堂々たる成績を残していた。SMAPの香取慎吾や安室奈美恵が表紙を飾る雑誌「小学五年生」96年5月号では、唐突に「落合博満vs.ラモス瑠偉」のスペシャル対談が実現。子供たちが憧れるイチローや三浦知良ではなく、2人合わせて81歳の大ベテラン濃厚対談。ミニ四駆ニューマシーンスクープ記事を楽しむ小学生がついて来られたのかは謎だが、ここで落合は手加減なしのオレ流ガチンコ発言を連発している。

1998年、歴代9位（当時）となる通算2352安打を打つ落合博満

「子供のころから憧れ続けてきた職業につける人間が、この世の中にいったい何人いると思う？　オレもラ

モスもそれを実現している数少ない人間でしょう。それを考えたら、もったいなくて『オレ、やーめた』なんて言えないもの」

「よく『若手を育てろ』とか『若手を使え』という人がいるでしょう。でも、プロの世界は人に育ててもらうものじゃない。自分で育って、自分で這い上がってくるものなんだ。それだけ厳しい世界なんだ」

凄い、これを読まされる「小学五年生」読者のその後の人生は大丈夫だろうか……なんて心配になってしまうほど、大人の世界の生々しい真実をぶちかますリアリスト落合。巨人軍相手にも一歩も引かず舌戦を繰り広げたのち、96年11月28日に「清原と自分の使い方で長嶋さんの悩む顔を見たくなかった」と、ミスターと並んでジャイアンツ退団会見を開く。直後に野村克也監督率いるヤクルトと日本ハムが獲得に乗りだし、当初は同リーグのヤクルト移籍濃厚と言われながらも、12月12日には急転直下で日本ハムの背番号3のユニフォームを着て入団会見。年俸3億円の2年契約という好条件に加え、大社《おおこそ》義規オーナーと上田利治監督が同席する異例の熱気に、11年ぶりのパ・リーグでプレーする主役は「来年、日本一になりますんで」と宣言し盛り上がった。この時期、メディアはちょっとしたオレ流ブームで、週刊誌でも「リストラに負けない中年の星」のような応援記事が目立つ。選手会を脱退したり、名球会入りを拒否するなど、ずっと球界の異端児でヒール（悪役）だった男が、43歳にして初めてベビーフェイス（善玉ヒーロー）になった瞬間でもあった。

しかし、だ。自著『野球人』（ベースボール・マガジン社）によると、前年の日本シリーズで左手小指骨折から無理して復帰したため、体全体のバランスの微妙な狂いがあったという。春季キャンプでは球団人気を上げようとマスコミにも積極的に対応したが、自身の練習量は減ってしまう。アキレス腱痛もあって満足に走り込むこともできず、さらに春先には珍しく風邪を引いて回復に時間が掛かり、開幕からチームも6連敗と散々のスタート。4月16日の西武戦では4打数4安打と健在ぶりをアピールするが、その後は途中交代の多い起用法にも戸惑い、調子が上がらず失速してしまう。終盤には16年ぶりの6番降格、さらに一塁ライナーを捕球した際に左手薬指の脱臼でスタメン落ち。移籍1年目の97年は113試合、打率・262、3本塁打、43打点という寂しい成績で終わり、日本ハムも同率4位と低迷。戦力外通告を受けた選手が「落合さんが来てからおかしくなった」なんて捨て台詞を残して去るなど、入団前の優勝請負人扱いが嘘のような状況で、移籍初年度のシーズンを終えることになる。

そして、98年にプロ20年目の「最後の1年」を迎えるわけだ。前年に続き、素手でバットを握るこだわりを捨てて左手には手袋をはめ、前所属の巨人ではほとんどなかったデーゲームにも対応できるよう、新たにサングラスもかけた。もうなりふり構っていられない。2年契約最終年、12月には45歳になる球界最年長のベテランは結果を残すしかなかった。4月4日の開幕戦は「4番一塁」で先発出場すると、西武のエース西口文也から意地の3安打猛打賞。だが、時の流れは残酷だ。どんなスーパーアイドルもやがて歳を取っておじさんやおばさんになるように、一流のアスリートもいつの日か衰え、終わりは来る。限られた貴重な時間を、演者と観客は共有しているわけだ。

4月末にはバットマンの生命線でもある右手親指の付け根部分を痛め、ベンチを温める日々。体力の衰えだけでなく、首脳陣との野球観の違いもあり、もう気持ちも切れかかっていた。スタメン復帰後、5月19日の西武戦でテリー・ブロスの速球を東京ドームの右中間スタンドへ叩き込むが、このシーズン2本目の一発が結果的に現役ラストアーチとなる。一塁守備時にファウルフライの目測を誤り、中年のリアルを痛感。打率2割5分台と低迷し、代打起用も増え、7月以降は首位を走るチームのビッグバン打線からその名が消えた。

落合の現役最後の打席は98年10月7日、千葉マリンスタジアムの古巣ロッテ戦（ダブルヘッダーの2試合目）でのことだ。なお日本ハムは後半戦に急失速し、当日は西武の逆転優勝が秒読み段階（当時はもちろんCS制度はない）。すでにオールスター戦後の7月下旬の日刊スポーツに「落合FA、獲得名乗りなければ引退」という記事が出ていたが、FA宣言をして引退発表をせずに自らの立場をあやふやにしておくのも面倒だと腹を決める。10月にはメディアで「今季限りの引退」が報じられ、最終戦前には上田監督から指名打者での先発出場を打診されていた。このロッテ戦で有終の一発を打てば、12球団すべてから本塁打を放ったことになる記録がかかっていたが、落合はその申し出を断りベンチスタート。「引退試合や派手なセレモニーみたいなものはオレの性に合わない」という己のこだわりを最後まで貫いた。チームが1対4とリードされた5回表一死、「週刊ベースボール」98年10月26日号の写真を確認すると、代打で登場した背番号3は全盛期と同じように素手でバットを握り、〝神主打法〟と呼ばれた独特の構えで打席に立っている。

最多勝のタイトルを狙う、20歳年下の相手エース黒木知宏は全球直球勝負で、満身創痍の打撃の職人は3球目の141キロのストレートを打って一塁ゴロに倒れる。ベンチに戻る際、微かに笑みを浮かべる背番号3。19年前に代打出場からスタートした25歳の無名のオールドルーキーは、三度の三冠王という前人未到の金字塔を残し、45歳を目前にバットを置いた。通算2371安打、510本塁打、1564打点の大打者としては異例のセレモニーも涙もない静かなラストゲーム。「お疲れさん」といつもと同じようにロッカールームをあとにすると、落合は意外な行動に出る。球場出口で出待ちしていたファンがいる柵前まで歩み寄ったのだ。「ありがとう落合」という横断幕を掲げる男性もいる中、彼らと握手を交わして回り、稀代のスラッガー落合博満の「最後の1年」は終わりを告げた。

さて、そんな孤高の打撃職人として畏怖された中日時代のオレ流に、所属チームの垣根を越え、果敢に弟子入りした若手選手がいる。名古屋の自宅に直電して了承を得ると、自主トレ中の西伊豆に押しかけ、3泊4日の打撃修業。当時プロ5年目を迎えたヤクルトの長嶋一茂である。

2　落合博満

年度	所属球団	試合	打数	安打	本塁打	打点	盗塁	打率
1979	ロッテ	36	64	15	2	7	1	.234
1980	ロッテ	57	166	47	15	32	1	.283
1981	ロッテ	127	423	138	33	90	6	**.326**
1982	ロッテ	128	462	**150**	**32**	**99**	8	**.325**
1983	ロッテ	119	428	142	25	75	6	**.332**
1984	ロッテ	129	456	143	33	94	8	.314
1985	ロッテ	130	460	169	**52**	**146**	5	**.367**
1986	ロッテ	123	417	150	**50**	**116**	5	**.360**
1987	中日	125	432	143	28	85	1	.331
1988	中日	130	450	132	32	95	3	.293
1989	中日	130	476	153	40	**116**	4	.321
1990	中日	131	458	133	**34**	**102**	3	.290
1991	中日	112	374	127	**37**	91	4	.340
1992	中日	116	384	112	22	71	2	.292
1993	中日	119	396	113	17	65	1	.285
1994	読売	129	447	125	15	68	0	.280
1995	読売	117	399	124	17	65	1	.311
1996	読売	106	376	113	21	86	3	.301
1997	日本ハム	113	397	104	3	43	3	.262
1998	日本ハム	59	162	38	2	18	0	.235
	通算	2236	7627	2371	510	1564	65	.311

3．未完のジュニア、9年間の狂騒
——長嶋一茂（1996年・読売ジャイアンツ）

「何が起こったかと思った。エンペラー（天皇）が球場に来たのかと思ったよ」

1988（昭和63）年4月9日、巨人の助っ人ビル・ガリクソンは、東京ドームで突然起こったすさまじい拍手に、マウンド上で面食らった。8回表二死、ヤクルトの攻撃。ジャイアンツのホーム球場なのに、その巨人ファンも大騒ぎしている。皇族でも来場したのだろうか？　元大リーガーは戸惑う。まさか、代打を告げられて打席に入った背番号3の新人が原因だとは思いもしなかった。この長嶋一茂のプロ初打席は3球目を打ち二塁ゴロに終わるが、4月27日の神宮球場では同じガリクソンから、プロ初安打初本塁打をバックスクリーンにぶち込んだ。異様な大歓声に包まれる神宮劇場。なんと、巨人が勝利したにもかかわらず、試合後のヒーローインタビューには〝プラチナボーイ〟が呼ばれた。

「ビル、お前さんはそれだけで有名人さ。長嶋監督の息子・一茂にプロ入り第1号ホームランを打たれた投手として、名前が残るよ」

数年後、「週刊ベースボール」の企画で元同僚を訪ねたクロマティはそう笑い、メジャー復帰して20勝投手にもなったガリーを茶化す。88年当時のナガシマジュニアへの注目度は、イチ新人選手としては、プロ野球史上最高クラスだった。なにせ日本一有名な男を父親に持つ青年が、そのオヤジと同じ職業に就いたのだ。

1993年、父・茂雄が監督を務める巨人に入団した長嶋一茂

87年ドラフト1位で立教大学からヤクルトへ。チームを率いる関根潤三監督とは、一茂が中学1年のときに一緒に大リーグ観戦ツアーに参加して以来の再会。実はヤクルトと大洋の2球団が1位で競合したドラフ

トの目玉は、小学5年時に一度野球を辞めている。リトルリーグでプレーするも、マスコミの無神経な取材攻勢に嫌気がさしたのだ。だが、中学3年の秋に事件が起きる。父・長嶋茂雄が巨人監督の座を追われたのである。男のケジメで辞任と報じられたが、事実上の解任だ。自分は息子であると同時に日本一のナガシマファンだ。オヤジの仇討ちはオレがやる。自著『三流』（幻冬舎文庫）によると、鉛筆やカバンや廊下の壁に「リベンジ」という文字をカッターナイフで彫るという、なんだかよく分からない行動の果てに、一茂は高校から再び野球の道へと戻った。

もともと体力面は図抜けていた。身長181センチ、握力は80キロを超え、校内で柔道大会があれば圧倒的な強さで優勝してみせた。彼は間違いなく〝逸材〟だったのである。この「素材としては素晴らしい」という評価は立教大で通算11本塁打を放ち、プロ入りした後もずっとついてまわることになる。均整の取れたマスクに加え、筋骨隆々の肉体でフリー打撃をしたらとんでもない飛距離の打球をかっ飛ばす。ここで大学通算打率が2割台前半なんて冷静な突っ込みは野暮だろう。なにせ、浪人生活を送るミスターに世間がナガシマロスを感じていたところに、〝長嶋茂雄の息子〟という泣く子も黙る黄金アングルを持つルーキーが登場したのだ。新人類を超える〝超人類〟とまで称されたスーパースター候補が11月18日にドラ1指名されてから、26日の正式契約までのたった8日間で、ヤクルトの株価は310円高。発行株式数でかけ算すると280億円分も急騰したことになる。「週刊文春」によると、某スポーツ紙は江川電撃引退と東尾修（西武）の麻雀賭博でシーズンオフの駅売り月間販売記録を樹立。ところが、88年前半のカズシゲフィーバーで、あっという間にその数字を塗り替えてしまった。

あまりの人気で電車にも乗れず、新人はマイカー禁止という球団ルールも変更された。さっそく550万円の新車ソアラを購入して、報道陣からローンで買ったのか聞かれると、「ローンって何ですか?」なんて聞き返す規格外のお坊ちゃんぶりも披露。春先の底冷えするオープン戦でガスストーブの上にグラブを乗せて温め、ベンチの大爆笑をさらう父親譲りの天然エピソードも報じられ、ペナントレースではなかなか思うような結果が出なかったが、東京ドームでのジュニアオールスターではデビュー17試合で10本塁打を放ったアジアの大砲・呂《ろ》明賜《めいし》（巨人）との競演も話題に。メジャー時代は名三塁手で鳴らした同僚のデシンセイからは守備のノウハウを伝授してもらい、グラブの上につける特製リスト・プロテクターをちゃっかり貰った。

2年目は、遠征の際にスリッパのまま家から車を運転してきてしまい苦笑いのままバスに乗り込んだり、ロッカーで着替えるふりをしてバナナをもぐもぐ。ナゴヤ球場の雨天練習場でコーチから特打ちを勧められるも、「暑いからやめておきます」なんてあっさり断るマイペースぶりは崩さず、1年目に続いて4本塁打も打率・250へと上昇。この頃のヤクルトは万年Bクラス常連、勝敗よりも広沢克己や池山隆寛がブンブン振り回し、三振かホームランかというのびのび野球が売りで、一茂も明るく元気にプレーを楽しんでいた印象が強い。

だが、そんな雰囲気は90年の野村克也監督就任で一変する。考える〝ID野球〟を前面に、プロとして戦う集団へと変貌していくのだ。その流れに完全に乗り遅れ、3年目は自己ワーストの35試合の出場でわずか1本塁打。膨らみすぎた期待は、やがて批判と、あまりに早急なトレード報道へと繋がっていく。3年目を終えた時点で、ダイエー(現・福岡ソフトバンクホークス)やオリックス、さらに華のある選手を求めていた大洋ら複数球団が興味を示した。ノムさんには金田正一が「週刊ポスト」の企画で直撃しているが、「すべてなりゆきのまま、何も考えとらん……珍しいやつや」とか「(しみじみと)あいつは、人のいうことを聞かんから……」なんてほとんどサジを投げられる始末だ。

さすがに危機感を覚えた背番号3は、92年自主トレで当時中日の落合博満に自ら電話をかけ、西伊豆3泊4日の弟子入りをする。まずは一茂の緊張をほぐすため落合夫妻は隣町のパチンコ屋へ。しかし、ギャンブルをまったくやらないお坊ちゃん育ちのジュニアはどうしていいか分からない。夜はアドバイスされたことをレポート用紙にまとめていたら、長男の福嗣くんに次々に破られ、何度も書き直すハメに。それでもあの一匹狼のオレ流打者が、「純粋な気持ちが最高。きっと伸びるよ」とやさしい言葉をかけている。

しかし、すでにヤクルトに一茂の居場所はなかった。時に陰湿なイジメのようなことをしてくるコーチ陣には我慢の限界だった。プロ5年目のシーズン、周囲の反対を押し切りドジャース1Aのベロビーチへ野球留学。このシーズン、一軍出場は0だったが、ヤクルトは14年ぶりのリーグVを飾っている。そして、オフにはついに長嶋茂雄が巨人監督に復帰するのだ。父子鷹実現に期待が高まる中、巨人の保科昭彦球団代表は獲得に否定的なスタンスを崩さず、一茂もヤクルト残留を直訴して11月7日には年俸1100万円で契約更改。だが、父・茂雄が「今年ダメならユニフォームを脱がせる」と球団サイドを説得して金銭トレードでの獲得が決定した。

帰ってきたミスター、27歳のジュニア、加えてドラフトで引き当てたゴジラ松井という大物ルーキーもいた。93年宮崎キャンプはほとんどパニックのような熱狂を生み出すことになる。日曜午後のオープン戦地上波中継が視聴率20パーセント超えの異常事態。「週刊現代」93年2月6日号では、「松井秀喜 vs.長嶋一茂 最後に笑うのはオレだ」という特集が組まれたほどだ。

オープン戦で2打席連発弾など猛アピールを続けた真新しい背番号36は、ついに「6番レフト」で開幕スタメンを勝ち取る。その後は打撃の調子を落とし、二軍のデーゲームに出場してから一軍のナイターに駆け付けたこともあったが、4月23日には甲子園の阪神戦で左翼席へ移籍後初本塁打。これがセ・リーグ3万号のメモリアルアーチでもあった。「7番サード」で5打数3安打2打点の猛打賞アピール。ベンチではジャイアンツの長嶋監督、いやオヤジが見ている。余計なものなど何もない。ある意味、ガキの頃からの夢がかなった夜だ。興奮のあまり寝付けなかった翌朝、宿舎近くの売店で新聞をすべて買い込んだ。そして、この時がプロ野球選手・長嶋一茂の絶頂だった。

今年ダメなら終わり。住んでいるマンションの天井が低くて思うように素振りができないため、引っ越しまでした。しかし、リトルリーグ時代に痛めた右肘は限界を迎え、右膝の状態も日常生活に支障が出るレベルまで悪化。9月には渡米してスポーツ医学界の権威、フランク・ジョーブ博士の執刀で手術を受ける。そこからは負傷箇所を騙しながらプロ生活を送る。主な仕事は三塁守備固め兼右の代打。ヤクルト時代と同じく、その素質と人気を見込んでロッテや西武からのトレード打診が報じられたが、父が息子を放出することはなかった。

この時期、巨人は大型補強時代へと突入。大森剛、吉岡雄二といった二軍のタイトルホルダーでも一軍での出場機会に恵まれず、井上真二はイースタン史上初の通算100本塁打という記録を作っている。特別扱いされる一茂の存在が彼らの成長を阻んでいるという報道があったのも事実だ。結果がすべてのプロ野球。95年は一軍出場なしの崖っぷち。自分なりにあがいて苦しんで、気が付けば30歳。ついにプロ9年目の96年シーズン、長嶋一茂は「最後の1年」を迎えることになる。

原辰徳は前年限りで引退。新助っ人の三塁手ジェフ・マントを獲得するも、開幕から21打席ノーヒットと極度の打撃不振で一茂に出番が回ってくる。本拠地の中日戦で、約1年9カ月ぶりの先発サード起用に横っ飛びの美技で応え、ガルベスの完封勝ちに貢献した。だが、すべてをぶち壊す事件が起きる。5月13日、バント練習を命じた土井正三コーチに対し怒りが爆発。「くだらねえバント練習やらされちゃったよ！　何様のつもりでやってんだ！　いらねえ、あんなヤツは！」なんて不満をぶちまけ、翌14日に罰金50万円の処分を課せられる。

さらに追い打ちをかけるようにその夏、知人宅で神宮の花火大会を見物していたら、体が激しく揺れるような感覚に襲われた。その1週間後、食事中にトイレで倒れ、病院に運び込まれる。医師によると「過呼吸症候群」で自律神経をやられた可能性が高いという。自著『乗るのが怖い　私のパニック障害克服法』（幻冬舎新書）によると、発作の翌朝、川崎のよみうりランドにある二軍練習場に向かおうと、車に乗り込んだ途端に息苦しさを覚える。ヨタヨタと車を降り、歩きながら携帯電話で二軍マネージャーに自分の症状を伝えた。病院で「パニック障害」と診断され、毎朝の練習にも行くことができない。もはや野球どころではなかった。

逃げるように箱根の山荘にこもり、ひたすら本を読む日々。この年、長嶋巨人は最大11・5差を逆転する〝メークドラマ〟を成し遂げるが、なんとか野球の結果を知ろうとテレビをつけても10分も見ていられない。肘痛を抱えながら、ベンチプレス170キロ、ベンチスクワット300キロを優に挙げ、背筋力は300キロ以上あった。なのに、心がついてこない——。

「残念だけれど、お前はもう来季の戦力に入ってない」

96年秋、田園調布の実家で、父は自らの口から息子に戦力外を通告した。「わかりました」とだけ答える一茂。夢の終わりは呆気ないものだった。少年時代、父親のところに送られてくる大リーグの16ミリフィルムに衝撃を受け、瞬《また》く間に強肩強打の捕手ジョニー・ベンチのファンになった。すると父・茂雄が子供用のミットからプロテクター、マスクやレガースまで用具一式を買ってくれたという。あまりの嬉しさにそれを全部体につけたまま寝た一茂。夜遅くに帰ってきたミスターは、眠る息子を起こさないよう、笑いながらそれを全部外してやったのだという。

一茂だけじゃない。茂雄の夢もここで終わったのだ。プロ9年間でわずか通算18本塁打。それでもファンや関係者、多くの人間が未完の大器・長嶋一茂に夢を見た。夢の中で始まり、夢で終わったプロ野球人生が確かにそこにあった。

さて、ヤクルト時代、野村監督にほとんど相手にされなかった背番号3とは対照的に、その元名捕手から毎日のように怒られ徹底的にしごかれた若手選手もいた。一茂と同学年のメガネのキャッチャー、古田敦也である。

3　長嶋一茂

年度	所属球団	試合	打数	安打	本塁打	打点	盗塁	打率
1988	ヤクルト	88	187	38	4	22	3	.203
1989	ヤクルト	69	156	39	4	15	1	.250
1990	ヤクルト	35	54	9	1	6	0	.167
1991	ヤクルト	67	149	33	4	18	1	.221
1993	読売	56	134	29	1	12	3	.216
1994	読売	46	29	5	1	1	0	.172
1996	読売	23	56	8	3	8	0	.143
	通算	384	765	161	18	82	8	.210

4. 平成初のプレイングマネージャー

――古田敦也（2007年・東京ヤクルトスワローズ）

「えっ？　古田が監修の日本野球機構公認ゲーム？」

先日、秋葉原のブックオフでスーパーファミコンの中古ソフトを見つけた。『古田敦也のシミュレーションプロ野球2』だ。あぁ……そう言えばあった、本人が選手データを監修したのがウリで、オープニング映像にオリックス時代のイチローが出てきて……と記憶が甦る。パッケージはイラストの古田にプレー中のマスク姿写真の古田ともちろん怒濤の背番号27推し。凄い、今の球界の捕手でこんな個人名を冠したゲームを出せる選手はひとりもいないだろう。発売日は1996（平成8）年8月24日。95年にヤクルトは日本一になり、古田はオフに当時の人気アナウンサー中井美穂と結婚。97年にも日本一を勝ち取り、ペナントと日本シリーズのダブルMVPに加えて正力松太郎賞に輝くので、まさに30代を迎えたキャッチャー古田の全盛期に世に出た野球シミュレーションゲームだ。

販売元は、あの伝説のファミコンゲーム『燃えろ‼プロ野球』の開発者・関雅行が設立した株式会社へクト。ゲーム雑誌「CONTINUE」vol.14に「『燃えプロ』を創った男」というインタビューが掲載されているが、当初はツバメ軍団を率いる野村克也監督に監修してほしかったという。だが社員から「暗すぎて売れません」と指摘され、その教え子の古田に白羽の矢が立つ。ID野球の申し子は意外に乗り気でゲームをキャンプ地に持参し、アリゾナのユマからFAXで意見を送ってくるほどだった。

90年代の若手時代の古田は大げさではなく、捕手のイメージそのものを変える存在だった。師匠のノムさんとは真逆の明るいキャラクターにのび太君風のメガネ姿とスリムな体型。92年に連載開始されたあだち充の人気漫画『H2』で主人公の国見比呂とバッテリーを組む野田敦は、メガネをかけたキャッチャーである。昭和の名捕手が野村克也なら、平成を象徴する捕手は古田敦也だと思う。

トヨタ自動車時代は、88年ソウル五輪で野茂英雄らとバッテリーを組み銀メダル獲得。

89年ドラフト2位でヤクルトに指名されると、翌90年はいきなり１０６試合に出場、２年目には打率・３４０でセ初の捕手での首位打者に。翌92年には30本塁打を放ち、チームの14年ぶりのリーグ優勝に貢献した。日本一に輝く93年の盗塁阻止率・６４４（企図数45、盗塁刺29）という驚異の日本記録は今も破られていない。その後も、背番号27は90年代のヤクルト黄金期をど真ん中で支え続けた。

ちなみに古田はゲームだけでなく将棋好きとしても有名で、チーム内のヤクルト名人戦を制覇。99年3月のスカイパーフェクTV『囲碁・将棋チャンネル』では、清水市代女流四冠とお好み対局（二枚落ち）が行われた。将棋と配球の読みの共通点を聞かれ、臆することなくこう答える。

2007年、古田敦也の現役引退セレモニー

「打者は顔色や態度に出しませんから、読む材料が少ないんですよ。この打者はどういう傾向があるのか、前の打席どう

だったのかのデータをもとに、その場の状況から判断するんです。将棋のようにあんまり先を読むようなものではないですね」

さすが心身のタフさとロジカルさを併せ持つ男。捕手の概念や常識を変えたように、球界のシステムでも古田が一石を投じたものは数多い。若手時代の90年代前半から、オフになると野球以外で話題を振りまいていた。当時の日本球界ではまだ珍しい代理人同席での契約更改を球団に求め、テレビゲームに登場する選手の肖像権使用料についても話し合いを要求。同時期にJR東日本のイメージキャラクターにも選ばれ、「週刊ベースボール」92年12月28日号には「知的で信頼感があって、しかも親近感もある」と広告業界関係者のコメントが掲載されたが、ヤクルト選手が本社以外のテレビCMに登場するのは初だった。リアリスト古田は、旧態依然とした球界の慣習破りに挑戦したのである。

年功序列をグラウンド上に持ち込むなんてナンセンス。立命館大4年時、五輪予選の日本代表チームに、大学生では古田と長嶋一茂の二人だけが招集された。有名人のカズシゲはまだしも、関西の大学に通うメガネの捕手を知るものはほとんどいない。だが、いざ練習が始まると、バッテリーを組んだ30代のベテラン投手の尻を「ナイスピッチング！」なんてバーンと叩く度胸の良さで周囲を驚かせる。

のちに後輩たちに食事もあまり奢らないケチらしいとネタになったが、もう思考そのものが良くも悪くも昭和の体育会系のノリではなかったのだろう。しかも、98年に33歳で日本プロ野球選手会会長に就任した古田は、当初から機構側やオーナー側に対して一歩も引かない激しいバトルを繰り広げていた。2000年の公式戦増加を巡る交渉時には、年俸増額やオールスター1試合制等を提示し、最終的にストライキも辞さないと発言。いち早くセ・パ交流戦の実現についても言及している。さらに代理人制度、ドラフトやFA改革と時代に合った変化を目指し、遠慮なく新しい意見を提案し続けた。もちろん選手側が絶対的に正義で、経営側が悪なんて単純な図式ばかりではないが、このスタンスはやがて04年球界再編時の〝闘う選手会長〟へと繋がっていく。

なお古田は大学時のドラフトで、日本ハムから上位指名を確約されながら、当日まさかの指名漏れを経験している。しかも、「メガネをかけている捕手は大成できない」なんて理不尽な理由で、集まったマスコミに対して「申し訳ありませんでした」と頭を下げた22歳の青年の屈辱。あの時の球界の大人たちに対する不信感が、闘う選手会長の原点にはあったのかもしれない。

とは言っても、その弱点であったはずのメガネも、Jリーガーの中山雅史が表紙を飾る「小学五年生」94年4月号の「プロ野球選手 オレの武器」というコーナーに「古田敦也のメガネ」でしっかり登場するのだから恐ろしい。

記事によると、スイスで開発されたコンピューターで自分の顔87カ所を測ってもらい、顔にピッタリ合った形のメガネを選択。レンズはフレームのないリムレスタイプ。耳にひっかけるイヤーピース部分は二重構造でクッションの役目を果たし、プレー中に衝撃を受けても外れることがない。メガネのツルやブリッジを支える部分は「ウルテム」という新素材でジャンボジェットの機体にも使われているスグレもの。レンズのポリカーボネートは耐衝撃度が普通のプラスチックの10倍もあり、カナヅチでたたいてもビクともしません……ってマニアックな情報すぎて、小学5年生の読者は誰もついて来られないよ！

なんて絶叫したくなる規格外のハイテクメガネを手に入れた古田は、ベストナイン9回、ゴールデングラブ賞10回と圧倒的な結果を残し、チームを五度のリーグ優勝、四度の日本一へと導いた。先頭に立って球団合併と1リーグ制を阻止し、交流戦が始まった05年には40歳で捕手としては野村克也以来となる史上2人目の通算2000安打も達成。

この年に開設したブログも話題になったと思ったら、オフには球団からの要請を受け、29年ぶり、平成初の選手兼任監督の誕生である。

就任1年目の06年は3位も、プレーヤーとしての古田自身は下半身や右肩の故障もあって出場機会が激減し、36試合出場（先発マスク20試合）で打率・244、プロ入り以来初めて本塁打なしに終わる。オフの契約更改では選手分年俸1億8000万円減の6000万円サインが話題に（監督分年俸は別途1億円）。そして、07年の「最後の1年」を迎えるわけだが、正直その個人成績はほとんど覚えていない野球ファンも多いだろう。なぜなら、ラストシーズンはわずか10試合（19打席）しか出場しておらず、チームは球団21年ぶりの最下位に転落したからだ。皮肉なことにヤクルトにおいて、スーパーキャッチャー古田の穴はあまりに大きかった。

自著『古田のブログ』（アスキー）では、監督就任時、神宮球場にお客さんを呼ぶために「マーケティングとかイベントの専門家など、外部の人材を入れましょう」と球団側に提案したことが書き記されているが、アットホームなファミリー球団のヤクルトにおいて、兼任監督の要望は実現しないことも多かったという。

9月19日、2日前にクライマックスシリーズ出場の可能性が完全に断たれたことを受け、会見に臨んだ古田は「寂しいより悔しい」と涙を流しながら選手引退と監督退任を発表する。07年10月7日、神宮球場の広島戦での引退試合、涙の会見の翌日に発売されたチケットは即日完売した。3万3027人の大観衆が詰めかけ、球場全体で緑色の「27」ボードが掲げられ、スタンドには盟友・池山隆寛や、当時メジャーリーガーの岩村明憲の姿もあった。

42歳の背番号27は「5番捕手」で先発出場すると、ともに黄金時代を築いた石井一久らとバッテリーを組み、3打数無安打で迎えた8回裏の最終打席は、前日に広島市民球場で引退セレモニーを終えたばかりの同期入団・佐々岡真司がマウンドへ（なお、佐々岡は前日の登板で、本塁打王が懸かっていた横浜の村田修一から一発を浴びた）。両軍ファンから「フルタ」コールが送られる中で遊ゴロに倒れ、9回表に登板した高津臣吾とはマウンド上で笑顔を浮かべハグを交わす。テレビの前で見ていても、不思議と悲壮感はなかった。「明るく、楽しく、激しいプロ野球」を体現した古田らしい、なにより強かった頃のヤクルトの残り香が感じられる引退試合である。試合後のセレモニーでは、「18年間、本当にありがとうございました。また会いましょう！」と爽やかにグラウンドを去った。

金子達仁の『古田の様』（扶桑社）によると、兼任監督になって1年目のオフ、右肩の腱の約90パーセントが切れているため手術を予定していたが、監督として秋季キャンプに参加することを優先させ、手術はキャンセルしたという。結果、現役最終年はわずか10試合の出場。やはり兼任監督の重責は選手寿命に影響を及ぼした。Tシャツまで作られた話題の「代打、オレ！」は2シーズン計19回と少なかったが、19打数7安打の打率・368と結果を残している。なお、引退試合から2日後の10月9日、シーズン最終戦の横浜スタジアムで最後の「代打、オレ」がコールされ、背番号27は通算2097安打目となるレフト前ヒットを放った。

さて、その古田擁する野村ヤクルトと毎年のように優勝争いを繰り広げたのが長嶋巨人だ。両チームの対決は乱闘や危険球退場で荒れる遺恨試合が多かったが、緊張感溢れるライバル関係の中で、95年12月に行われた古田の結婚披露宴に、巨人からひとりだけ出席した選手がいた。同じ昭和40年生まれで元甲子園のスター、水野雄仁《かつひと》である。

4　古田敦也

年度	所属球団	試合	打数	安打	本塁打	打点	盗塁	打率
1990	ヤクルト	106	280	70	3	26	1	.250
1991	ヤクルト	128	412	140	11	50	4	**.340**
1992	ヤクルト	131	474	150	30	86	3	.316
1993	ヤクルト	132	522	**161**	17	75	11	.308
1994	ヤクルト	76	260	62	3	19	3	.238
1995	ヤクルト	130	487	143	21	76	6	.294
1996	ヤクルト	119	437	112	11	72	5	.256
1997	ヤクルト	137	509	164	9	86	9	.322
1998	ヤクルト	132	491	135	9	63	5	.275
1999	ヤクルト	128	483	146	13	71	10	.302
2000	ヤクルト	134	496	138	14	64	5	.278
2001	ヤクルト	121	441	143	15	66	1	.324
2002	ヤクルト	120	420	126	9	60	3	.300
2003	ヤクルト	139	509	146	23	75	2	.287
2004	ヤクルト	133	483	148	24	79	1	.306
2005	ヤクルト	96	329	85	5	33	1	.258
2006	東京ヤクルト	36	90	22	0	8	0	.244
2007	東京ヤクルト	10	18	6	0	0	0	.333
	通算	2008	7141	2097	217	1009	70	.294

5．流浪の金太郎
――水野雄仁（1998年・MLBキャンプ）

昭和が終わる頃、江川卓《すぐる》のあとに「巨人のエース」を期待された投手がいた。池田高校時代に甲子園の夏春連覇で一躍スターとなった水野雄仁である。4番エースで鳴らした〝阿波の金太郎〟は、本人の希望通り1983（昭和58）年に巨人からドラフト1位指名を受けた。世代的には槙原寛己（81年1位）が2つ上、斎藤雅樹（82年1位）は1年先輩、そして高3夏に甲子園でホームランを打たれた桑田真澄（85年1位）が2年後輩ということになる。つまり、あの三本柱に挟まれたドラ1投手。だが、水野は入団時の注目度では槙原や斎藤よりはるかに上で、背番号はエース江川の30番のひとつあと「31番」を与えられたほどだ。

ゴールデンルーキー金太郎人気は凄まじく、84年1月の自主トレには600人の多摩川ギャルが集結。アイドル雑誌の「週刊明星」84年2月2日号でもその様子は報じられ、「顔はじゃがいもみたいだけど、バッターに向かっていくところが好き！　甘い男なんて大嫌い！」なんて、褒めてるのかディスってるのかよく分からないギャルの熱気ムンムンコメントも掲載されている。日本テレビ系のスポーツニュース『ＳＳ９』では背番号31の1年間密着を企画する力の入れようで、キャンプ休日にデパートで買ったのは３２８０円の目覚まし時計、持ち込んだ本は『金持ちになる方法』全10巻……と、それを知ったところでリアクションが取りにくい凄まじい報道合戦が繰り広げられていた。

水野はその自由奔放な言動も話題で、自主トレで体重を聞かれると「何キロオーバーかな？」と太めの腹でトボけ、スローペース調整を指摘されても「今日は体が動かなかった？　いやいや、そういう風に見せただけや！　やるときはやりますよ！　まだぼくは学生ですから、卒業するまでは、〝お客さん〟でいられますからね」と胸を張る。１年目、イースタン・リーグの試合では全力疾走を怠り、二軍監督からベンチで3発もビンタを食らったことがニュースに。しかし、直後にトレーナーが肘を冷やすための氷を水野のもとへ運ぶと、「氷？　それホッペタ用ですか？」なんて金太郎節を炸裂させ、チームメイトの爆笑をさらう。「週刊ベースボール」84年10月15日号では「ビンタ降って地固まる!?」とダジャレ記事でさらっと流される昭和ニッポンに驚愕するが、そう言えば、人気アニメ『機動戦士ガンダム』でも、ブライト艦長がグズるアムロ・レイを「それが甘ったれなんだ！　殴られもせずに一人前になった奴がどこにいるものか！」なんて意味不明なロジックでぶん殴るシーンがあった。

今となってはありえないむちゃくちゃな時代の話だが、強心臓の水野は寮生活でもその行動力は図抜けていて夜遊びで門限破りを繰り返し、非常口のドアに鍵をつけられたら負けじと窓から抜け出すあの頃の攻防戦。引退直後に若手時代を振り返った「週刊宝石」96年12月26日号の「今だから語れる私の修羅場」によると、非常階段の足もとに有刺鉄線を張られた際は、消防署に匿名で「ジャイアンツの寮は非常階段に有刺鉄線を張ってます」と自ら消防法違反の告発電話をして撤去に持ち込

1998年、サンディエゴパドレスのキャンプに参加した水野雄仁

んだという。4年間寮にいて通算千発は殴られていると笑い、「殴られ方ってあってね。歯を食いしばって、絶対に口の中を動かしちゃだめなんです。口の中切っちゃうから。そうすると痛くて刺身も食えなくなっちゃうの」と、引き際の美学じゃなくて〝殴られる美学〟を語る金太郎。門限を破り、寮長やマネージャーにぶん殴られ、数えきれないほど罰金を食らい、写真週刊誌にも撮られ、外出禁止を命じられても度々自由への脱走を試みた水野雄仁の精神力はやはり凄い。なお、巨人球団史において堀内恒夫、柴田勲、水野は〝寮の3悪男〟と伝説になっているという。

さて、肝心の野球の方では、2年目のグアムキャンプで先輩たちの荷物を運んでいる際に、スーツケースが階段の角に引っ掛かって右肩を痛める不運な事故に見舞われてしまう。思いのほか重症で、アメリカへ飛びF・ジョーブ博士の手術を受け、そのシーズンはリハビリ生活。図抜けた打撃センスを生かし、バッターなら3割30本もいけると打者転向を勧める声もあったが、3年目の86年に見事カムバックしてみせる。140キロ台中盤の速球と離脱中に身につけた鋭く落ちるフォークを武器に一軍で8勝を挙げると(このシーズンは打率・250をマーク)、87年にはキャリア初の10勝で王巨人の初Vに貢献。西武相手に負ければあとがない日本シリーズ第6戦の先発を託された。88年オールスター戦では、延長12回に代打で登場して、センターへサヨナラ犠飛。そのスター性も込みで、80年代後半あたりまでは、巨人の次代の三本柱といえば「桑田、水野、槙原」だった。

それが平成に入ると、伸び悩んでいた斎藤が2年連続20勝と〝平成の大エース〟として定着。水野は先発では結果を出せず、藤田元司監督が作り上げたチーム年間完投数70の超ハイレベルな巨人ローテーション争いに敗れてしまう。ついでに鉄アレイを両足に落とすマンガのようなアクシデントにも悩まされるが、90年には中日戦の大乱闘で星野仙一監督からビンタを食らいながらも、持ち前の打たれ強さを発揮して、このシーズンは34試合で防御率1・97、11セーブを挙げ復活。そこからの背番号31はピンチに動じないマウンド度胸でリリーフ稼業に活路を見出す。しかし、入団9年目の92年には右肘の軟骨除去手術を受け登板なし。93年には長嶋新監督のもとで43試合に投げカムバックするが、球速は130キロ台中盤まで落ち込み、95年終了時に30歳になっていた水野は若返りを図る球団からファームコーチ就任を打診される。

それを固辞して臨んだプロ13年目の96年は二軍暮らしが続いたが、10月6日中日戦の

7回一死満塁の大ピンチで投入され、アロンゾ・パウエルを遊ゴロ併殺に打ち取ったシーンは今でも語り草だ。結局、長嶋巨人は最大11・5差をひっくり返すメークドラマを成し遂げるが、背番号31はわずか10試合の登板に終わった。まだ31歳の若さで、イチロー擁するオリックスとの日本シリーズでは3連投してみせた。その経験を買い日本ハムなど複数球団からのトレード打診もあったが、水野は「俺は逆指名をさせていただいて巨人に入った。巨人一筋でいくという最初の意志を貫きたかった」と固辞。96年10月29日に岡崎郁《かおる》とともに現役引退を発表する。通算265試合、39勝29敗17S、防御率3・10。元甲子園のスーパースターでまだ巨人ブランドが圧倒的に強かった時代、翌97年の水野は複数の週刊誌で連載を持つ売れっ子の青年評論家として活動した。

さて、本書は名選手たちの現役「最後の1年」を取り上げているが、水野の場合はそのラストイヤーの定義が難しい。なんとプロ野球引退翌年の秋にドミニカのウインターリーグに参加しているのである。「週刊宝石」での連載「球界の金太郎」によると、評論家として食うに困らない稼ぎはあったが、広島の42歳サウスポー大野豊ら自分より年上の選手たちのプレーをネット裏から見るうちに、こんな気持ちを抱くようになる。

「俺は解説なんてしていていいのだろうか」と。「このままやっていたら35か40になったときに、あのときもう少し野球をやっときゃよかったなんて後悔しないか？」という自問自答の果てに下したひとつの決断。そう、ドミニカでとことん野球をやれば、たとえダメでも自分の中でひとつのケジメをつけられる。

巨人退団直後、当初は体重維持のために軽い気持ちで始めたトレーニングだったが、過去に肩や肘の手術経験があるため、リハビリや運動生理学の勉強もしようと次第に本格的なハードトレーニングに取り組んだという。暇があればジャイアンツ球場でファームの打撃投手も務め、10月に入ると巨人代表に相談し、保有権が巨人に残る「任意引退選手」としてコミッショナーに届け出ていたものを「自由契約選手」に変更する手続きをしてもらう。

迎えた97年11月10日、水野は、日本から約20時間かけてドミニカ共和国のサント・ドミンゴ国際空港に到着。解説を務めていたフジテレビ『プロ野球ニュース』の番組を挙げたバックアップもあり、トロス・デル・エステというチームで再びマウンドへ。今ではオフのドミニカ武者修業もよく聞くが、当時は日本人投手が来るのはほとんど初めてで、現地でも話題になった。ドミニカでは計10試合（先発3、リリーフ7）30イニングを投げ、1勝1敗、防御率3・68（正確な数字は本人も分からないという）。

翌98年2月13日、水野は米アリゾナ州でサンディエゴパドレスのスプリングキャンプに参加する。もちろん日本ではその挑戦に否定的な意見もあり、ヤクルトの野村克也監督は例の調子で「レベルの高い大リーグのイメージを壊さないでほしい」なんてボヤいてみせたが、金太郎は持ち前のガッツで己が決めた道を邁進する。59番のユニフォームに袖を通した32歳のオールドルーキーは、オープン戦で全盛期バリバリのケン・グリフィーJr.（マリナーズ）を打ち取りアピールするが、3登板で6被安打の内4本がホームラン。メジャーのパワーに戸惑い、3月11日に戦力外通告を受ける。直後にダイヤモンドバックスの入団テストにチャレンジするも不合格。完全燃焼した水野雄仁の「最後の1年」はここで終わりを告げた。

今度こそ本当にサヨナラだ。異国の地でマウンドへの未練を断ち切り、2度目の引退を決意する。ドミニカやアメリカで貴重な体験を積んだ水野は日本へ帰り、98年秋にジャイアンツ投手コーチ就任で古巣復帰を果たした。

そして同じく、その年に野手総合コーチとしてついに巨人へ戻ったのが、40歳の原辰徳である。

5　水野雄仁

年度	所属球団	登板	勝利	敗北	セーブ	投球回	奪三振	防御率
1984	読売	7	0	0	0	10.2	9	6.75
1986	読売	26	8	6	1	100.1	95	3.59
1987	読売	24	10	4	0	107	82	2.61
1988	読売	23	6	6	1	117	89	3.23
1989	読売	15	2	5	1	63.1	57	3.41
1990	読売	34	2	2	11	68.2	64	1.97
1991	読売	31	5	2	3	50.1	30	2.15
1993	読売	43	1	1	0	60.2	36	2.82
1994	読売	27	1	2	0	35.2	22	5.05
1995	読売	25	2	1	0	32	28	3.09
1996	読売	10	2	0	0	14.1	7	3.14
	通算	265	39	29	17	660	519	3.10

6. 夢の続き
――原辰徳（1995年・読売ジャイアンツ）

シーズン34本塁打、94打点の27歳の若き4番打者。

プロ野球界にはこの好成績を残して、マスコミから「優勝を逃した戦犯」「巨人史上最低の4番」と叩かれまくった選手がいる。80年代中盤の原辰徳である。

甲子園のアイドルで大学球界のスーパースターという輝かしい経歴を持ち、1980（昭和55）年ドラフト1位で巨人の藤田元司監督が4球団競合の果てに抽選で引き当てた。ドラフト会議直後になんと街で号外が配られ、ミスター監督辞任で6円安、王引退で5円安を記録した後楽園の株価が、原を引き当てた日には始め値の366円から19円高の385円まで跳ね上がるタツノリフィーバーが幕を開ける。長嶋茂雄と王貞治の後継者を託され、巨人入りした22歳のプロ生活は順風満帆だった。81年は1年目から新人

1995年、現役最後の本塁打を放った原辰徳

王を獲得し、チームも日本一。2年目は富士重工、味の素、オンワード樫山、美津濃、明治製菓、明治乳業、大正製薬といった大手企業のCMに出まくり、アルバム『サムシング』でレコードデビューも飾った。スポーツ選手の前年度所得番付で1位青木功（ゴルフ）と3位千代の富士（相撲）に挟まれ、球界トップの2位にランクイン。江川卓とともに投打の柱〝ETコンビ〟と呼ばれ、83年には打率・302、32本塁打、103打点で打点王と最多勝利打点に加え、MVPを受賞。エイトマンスマイルをふりまく時代の寵児《ちょうじ》は、ゴールデンタイムで毎晩視聴率20パーセント超えの巨人戦ナイター中継の主役として君臨する。あの頃、日本のどんな有名芸能人より

頻繁にテレビに登場した前代未聞の野球選手が若き日の原だった。

当然、そんな異常なアイドル人気を誇る若大将を面白く思わない人たちも出てくる。主に巨人V9をリアルタイムで目撃し、現役時代のONに熱中した中年のおじさんたちである。彼らがメイン読者層の週刊誌では、徹底的に原叩きを繰り返す日々。つまり、チャラチャラした「最近の若者の象徴」4番原を叩けば雑誌が売れたわけだ。「週刊現代」86年9月6日号では、「打てば負け打たねば勝つチームの〝貧乏神〟巨人史上最低4番打者・原辰徳にファンベンチ罵声」の見出しで「〝四番目の打者〟原辰徳がいつ〝四番打者〟になってくれるのかと。巨人には記憶の人＝N、記録の人＝Oがいます。現状では、原クンは〝記憶にも記録にも残らない人〟ですもの」とまで辛辣に書かれている。比較対象は常に過去の偉大なノスタルジー。もはや転職して去った敏腕営業マンの残像を追う部長の若手社員イジメのような、むちゃくちゃな要求だ。並の精神力と覚悟なら、やってられるかと投げ出して野球を辞めていると思う。

気が付けば、巨人不振の全責任を背負わされ、追い打ちをかけるようにプロ6年目の86年シーズン終盤、自己最多の36号アーチを放った広島戦の9回裏二死1塁、炎のストッパー津田恒実の剛速球をファウルした直後に古傷の左手首に激痛が走り退場。左手有鉤骨骨折《ゆうこうこつ》で初の一軍登録抹消をされてしまう。バットを振れるようになるまで3カ月以上を要する重症で不要論が囁かれ、王貞治監督からは厳しい檄《げき》が飛び、さらに電撃結婚で女性ファンも激減。オフにはロッテの三冠王・落合博満の巨人トレード話が連日報じられ、球界の主役の座は高卒新人記録の31本塁打を放った〝新人類〟清原和博に奪われた。まだ28歳にして半端ない窓際感。そんな逆風にさらされる悲運の4番サード原辰徳に熱狂したのが、ONの現役時代をリアルタイムで知らない当時の少年ファンである。

周りの大人たちが「またチャンスでポップフライかよ」とディスる背番号8に対し、まるで自分が馬鹿にされたかのような悔しさを覚え、「俺たちがタツノリを応援しないでどうするんだ」なんてわけの分からない使命感に後押しされ、テレビの前で絶叫。悔しさと蒲焼さん太郎を嚙みしめながら、リモコン片手に半泣き。すると、不思議なことに原は89年日本シリーズ第5戦での起死回生の満塁弾、92年神宮球場での怒りのバット投げアーチと度々土壇場で劇的な一発を放つ。30代になると左翼コンバートに加え、アキレス腱痛を抱えて故障も増えたが、もう終わったと言われる度に、終わらない歌を鳴り響かせるホームランアーティスト。あの頃のタツノリにはある種の儚《はかな》さと切なさがあった。完全が求められる巨人4番において、その不完全なアイドル性に少年ファンは魅せられたのである。

だが、長嶋茂雄が監督復帰した93年に背番号8の入団以来12年連続の20本塁打が途切れ、巨人はゴールデンルーキー松井秀喜の「4番1000日計画」と、導入されたばかりのFA大型補強時代へと突入していく。そして、落合博満のFA移籍で4番の座を追われた原は、1995（平成7）年に「最後の1年」を迎えることになるわけだ。

ライバルチームの野村克也監督率いるヤクルトから広沢克己やジャック・ハウエルを獲得するなど止まらない補強に背番号8の居場所はなくなりつつあったが、年明けのテレビ番組の「今シーズンの巨人4番はだれがいいか？」という電話アンケートで1位に選ばれたのは落合でも松井でもなく、原辰徳だった。時に「代打カズシゲ」を送られるような、ミスターの非情采配にファンは怒ったのである。

引退を懸けて臨んだプロ15年目のシーズン、満身創痍の36歳は5月下旬以降、スタメン機会すらほとんどなく、時々代打で顔見せ程度に出る立場だったが、いつからか打席に向かう度に誰よりも大きい拍手が送られるようになる。長嶋や王は歴史そのものだが、原辰徳は平穏な日常の象徴なのだ。巨人ファンは来たばかりのFA移籍組やキャリアの浅い若手にはまだ遠慮してしまう。でも、なんだかんだ長い時間を共有した原になら感情をぶつけられる。色々文句も言ったけど、結局は実家の母ちゃんが作るシンプルな握り飯が一番美味い的な「俺らの4番打者」への感謝と惜別。いわば80年代のプロ野球界が生んだ最大のメディアスターのファイナルカウントダウンは、異様な熱気を生み出すことになる。

7月22日に37歳の誕生日を迎え、ペナントレースがヤクルトの独走態勢に入りつつあった夏、8月21日付のスポーツニッポンと日刊スポーツ両紙がついに「原引退」を報道。その時点で打率1割台に3本塁打の元4番は吹っ切れたように土俵際での意地を見せる。9月20日の中日戦ではその試合最大の大声援の中、途中出場で左翼席上段へ76試合ぶりの4号ホームランをかっ飛ばしてバットを放り投げ、お立ち台では「たまに出てもこれだけのお客さんがね、声援を送ってくれて……」と言葉に詰まるタツノリ。95年シーズン、スタメン起用はわずか26試合だった。

そして、10月1日の試合前に神宮球場のクラブハウスで長嶋監督に今季限りでの引退を報告する。10月8日の東京ドームでの引退試合はチケット発売日に即日完売、8万円ものプレミア価格がつき、消化試合のデーゲームにもかかわらず、日テレ中継の瞬間視聴率は32・4パーセントを記録。この最後の舞台で「4番サード」で先発出場すると広島の紀藤真琴から通算382号を放ち、起用法から確執も噂されたミスターと涙の抱擁を交わして、原辰徳はユニフォームを脱いだ。

こうして、高度経済成長期の象徴ともいえる天下のONと常に比較され、30本塁打を打って勝負弱いと日本中から叩かれまくった男の激動の選手生活は終わった。なお、80年代セ・リーグの通算本塁打数と総打点の両部門トップは山本浩二でも掛布雅之でもバースでもなく、原の274本塁打、767打点である。つまり、当時誰よりも批判されたプロ野球選手が、誰よりも結果を残したわけだ。引退セレモニーで「夢の続きがある」と宣言した若大将は、やがて監督として21世紀の巨人軍を背負い、球団史上最も勝った指揮官へと上り詰めてON越えを果たすことになるが、それはまた別の話だ。

さて、その原とプロ入り時から同期のドラフト1位野手として「最大のライバル」と言われたのが、80年代パ・リーグの総打席数1位、5058打席に立った西武黄金期のチームリーダー石毛宏典《ひろみち》である。

6　原辰徳

年度	所属球団	試合	打数	安打	本塁打	打点	盗塁	打率
1981	読売	125	470	126	22	67	6	.268
1982	読売	130	494	136	33	92	11	.275
1983	読売	130	500	151	32	**103**	9	.302
1984	読売	130	468	130	27	81	7	.278
1985	読売	124	441	125	34	94	7	.283
1986	読売	113	406	115	36	80	7	.283
1987	読売	123	433	133	34	95	7	.307
1988	読売	126	467	140	31	81	5	.300
1989	読売	114	395	103	25	74	3	.261
1990	読売	103	366	111	20	68	6	.303
1991	読売	127	455	122	29	86	5	.268
1992	読売	117	437	119	28	77	4	.272
1993	読売	98	336	77	11	44	3	.229
1994	読売	67	200	58	14	36	0	.290
1995	読売	70	144	29	6	15	2	.201
	通算	1697	6012	1675	382	1093	82	.279

7. 西武黄金期を支えた男の完全燃焼
——石毛宏典（1996年・福岡ダイエーホークス）

愛と幻想のショートストップ。いつの時代も、野球ファンは〝打てる遊撃手〟に夢を見る。

平成球界には池山隆寛（ヤクルト）、野村謙二郎（広島）、松井稼頭央（西武）らがいたし、令和元年の2019年には坂本勇人（巨人）のセ・リーグ遊撃手初のMVP獲得が話題となったが、球界初の遊撃手MVPは1986（昭和61）年の石毛宏典だった。オフの風物詩、自主トレで窯元《かまもと》を訪ねてろくろを回すあの風景はなんだったんだ……というのは置いといて、この年のミスターレオは129試合、打率・329、27本塁打、89打点、19盗塁、OPS・917とキャリアハイの好成績を残し、ライオンズ日本一の原動力となっている。

1996年、福岡ダイエーホークスで現役生活を終えた石毛宏典

プロ入りは原辰徳と同じく80年ドラフト1位でプリンスホテルから西武へ入団。もともとはプロ野球に興味がなく、社会人野球で監督を目指し、将来はホテルの支配人という人生プランを描いていたが、1年目から58年の長嶋茂雄以来の新人3割打者という大活躍を見せる。当時の雑誌では原と石毛の新世代ニューリーダー対談企画が度々組まれるほどの人気を誇り、ともに新人王に輝いた盟主・巨人の若大将と新興勢力の西武の顔。原の方も石毛の存在を強く意識していたようで、引退直後の「週刊ベースボール」95年10月30日号のインタビューでは、こんなコメントを残している。

「自分の野球人生の中で、最後にやり残したことは何だろう？ と考えたときに、とにかく西武に勝ちたい。プロ13年目を終えるくらいのときに思いましたね。僕の心の中では、西武とは石毛・西武なんですよね。年は僕よりも上ですが、同期でプロに入った石毛さんのいる西武に勝ちたい。そういう気持ちが強かったですね」

正直に書けば、選手時代だけを振り返ると、将来的に監督として成功しそうなのは人の良さそうなエイトマンより、強烈なリーダーシップで最強西武をまとめあげていた背番号7の方だった。

新人類と呼ばれるやんちゃな若手を束ねるキャプテン。「週刊ポスト」87年11月20日号では、石毛、清原和博、工藤公康が顔を揃える2年連続日本一レオ軍団の座談会が掲載されている。20歳のキヨマーは「それにしても西武っていうチームはわれながらすごいですよネ」と前向きな自信にあふれ、ビッグマウスで鳴らした若き工藤はV10を目指すとぶち上げた7歳上の先輩に対し、「石毛さんが早く引退すれば可能スよ」なんつって茶化す。そんな後輩たちを許容し、「あのナ、人をそう早く引退させるなよ。こいつらにハッパをかけられながら、やらなければならないなんて大変なんだよ」なんて締める石毛大将。かと思えば、負けた試合のバス車内で笑いながら雑談している若手がいれば、「ユニフォームを着ている以上はもっと悔しさをもって反省しろ」とガツンと叱る憎まれ役も引き受ける。あの頃の西武は圧倒的に強く、厳しく、明るかった。

だが、石毛は2002年シーズンからオリックス監督に就任するといきなりチーム39

年ぶりの最下位に終わり、翌03年の開幕20試合目にして電撃解任されてしまう。4月中の監督交代はパ・リーグでは初めての珍事。なぜ石毛は古巣・西武ではなく、オリックスで監督をすることになったのか？　その答えを知るために、波乱に満ち溢れた現役晩年の出来事を振り返ろう。

西武がパ・リーグ記録のV５を達成した94年オフ、森祇晶《まさあき》監督が辞任する。9年間で8度のリーグ優勝、６度の日本一に輝いた名将の後任は石毛で決まり……と誰もが思ったが、本人は現役にこだわりこれを固辞。38歳になる石毛はこのシーズン、外国人選手や若手とのポジション争いに競り勝ち、主に三塁手として１１１試合で打率・２６６、11本塁打、46打点、８盗塁、ＯＰＳ・７３２という成績を残していた。自身初のランニングホームランに二度のサヨナラ打とまだ充分にプレーできる状態だったが、森監督は以前から現役の石毛をスタッフミーティングに参加させ、自身の後継者として、チームの将来を見据えた英才教育を施していた。

石毛は長嶋巨人に敗れた日本シリーズ最終戦後に監督就任要請をされ、悩みに悩むも、出した結論は「オレはまだ現役でやれる」、いや「やりたい」だった。もちろん組織の事情は分かる。だが、個人の気持ちを踏みにじるようなやり方は受け入れられなかった。最終的にスポーツ各紙で報じられた兼任監督でもなく、石毛はＦＡ宣言をして西武を去ることを決断する。在籍14年で11度のリーグＶ。プリンスホテル時代から続く〝西武グループの顔〟の流出は、チーム内外で物議を醸した。自身のYouTube「石毛宏典ＴＶ」で当時を振り返り、去り際に堤義明オーナーから掛けられた言葉を聞かれ、「まあ僕にとってはあんまり、なんでそんなこと言われるのかなあ……とはありましたけど、そこはちょっと墓場まで持って行かなければいけないなと思っています」とだけ語っている。

プロ15年目の新天地は西武時代の恩師・根本陸夫が専務を務めるダイエー。ゼロからの再出発という意味で「背番号０」を選択。王貞治新監督を迎え、秋山幸二や工藤公康ら西武の主力選手が続々と福岡に集結していた時期だったが、95年の石毛は２億円の高年俸にもかかわらず、52試合で打率・２００、１本塁打とキャリアワーストの成績に終わる。私生活でも二度の離婚経験や派手な女性関係が恰好のターゲットとして週刊誌に追われてしまう。そろそろ潮時か……。もう辞めたいと根本に相談すると、「バカ野郎。みんな世間の人たちも、石毛があの成績じゃあ、たぶん今年限りで引退するだろうと思っている。でも世間の人たちの思い通りに人生を送ったら面白くないだろ」と励まされた。そして、39歳の「最後の1年」を迎えるわけだ。

慣れ親しんだ背番号7に戻した96年は、キャンプ終盤の右太もも肉離れで16年目にして初の開幕二軍スタート。ドラ1でプロ入りして以降、常に主軸を張った男が初めて経験する二軍戦だ。4月21日のウエスタン・リーグ中日戦で3安打猛打賞を記録した直後に一軍昇格するも、若返りを図るチーム事情もあってほとんど起用されることはなくベンチを温める日々。8月初旬に再び二軍落ちすると、そのまま昇格することなくユニフォームを脱いだ。最終年はわずか29打席で打率・130に終わり、西武時代は達成が確実視されていた通算2000安打にも167本足りなかった。それでも、40歳の石毛はプロ野球選手としての契約を全うするため、ファーム全日程終了後も秋季練習に参加すると、若手に混じり打撃練習を行った。引退会見で口にした「野球という友人に不義理のないよう、最後まで務めたかった」という言葉通りの惜別のバットスイング。まさに選手・石毛で完全燃焼した現役ラストイヤーである。

その後、ポスト王の最有力候補として、ロサンゼルスドジャースへのコーチ留学を経て、98年からダイエー二軍監督就任。しかし、投手や打撃などのコーチの肩書きを廃止して混乱を招いたり、打順を選手のジャンケンで決めさせる斬新すぎるスタイルが空回りし、わずか1年で石毛体制は終わってしまう。オリックス監督時代も前述の通り、歴史的な大敗を喫し短期政権に。結果だけを見たら、94年オフの決断が野球人生の岐路になってしまった。第二の人生を見据え余力を残して辞めるか、アスリートとして悔いの残らないように新天地で限界まで競技を追究するか……。永遠に僕らを迷わす人生の選択。プロスポーツ選手の移籍について、サッカー選手の中村俊輔は自著『察知力』（幻冬舎新書）でこう書く。

「（移籍が）成功だったかどうかなんて、引退してから考えることだ。もしかしたら引退してもわからないかもしれない。死ぬ直前ですら、成功だったか失敗だったかなんてわからないかもしれない」

最後の1年をどう生きて、いかに死ぬのか。現在、西武では現役時代に石毛と二遊間を組んだ辻発彦が指揮を執るが、「もしあの時、38歳の石毛が西武監督の就任要請を受諾していたら……」というのは、平成球史におけるターニングポイントのひとつだろう。

さて、この石毛の駒沢大学の3学年先輩にあたり、同時代に西武と巨人のチームリーダーとして日本シリーズでも度々火花を散らしたのが、〝絶好調男〟中畑清である。

7　石毛宏典

年度	所属球団	試合	打数	安打	本塁打	打点	盗塁	打率
1981	西武	121	409	127	21	55	25	.311
1982	西武	124	464	120	15	54	22	.259
1983	西武	128	439	133	16	64	29	.303
1984	西武	124	452	117	26	71	26	.259
1985	西武	130	504	141	27	76	11	.280
1986	西武	129	514	169	27	89	19	.329
1987	西武	130	525	141	11	41	14	.269
1988	西武	130	508	144	21	63	22	.283
1989	西武	130	486	131	16	63	28	.270
1990	西武	100	359	107	8	47	7	.298
1991	西武	122	417	112	13	61	8	.269
1992	西武	125	438	130	8	52	11	.297
1993	西武	122	434	133	15	53	12	.306
1994	西武	111	380	101	11	46	8	.266
1995	福岡ダイエー	52	120	24	1	11	0	.200
1996	福岡ダイエー	18	23	3	0	1	1	.130
	通算	1796	6472	1833	236	847	243	.283

8. 絶好調男、奇跡の花道
——中畑清（1989年・読売ジャイアンツ）

その若手選手はプロ3年目に引退を考えた。

当時24歳の中畑清だ。駒沢大学では強打の三塁手として鳴らし、1975（昭和50）年ドラフト会議当日の報知新聞一面で「巨人1位は中畑」と騒がれるも、蓋を開けてみたら1位は篠塚利夫（銚子商業）。中畑は3位指名で巨人入りするが、3年間でわずか3安打と、ほとんど一軍出場機会すらなかった。大卒で入ったにもかかわらずなにもできていない。オレじゃ無理だ……引退して福島の実家に帰り牛の乳搾りでもしようとまで思ったという。いつの時代もどんな仕事でも、入社3年目あたりの新入社員は理想と現実の狭間で「こんなはずじゃなかった」なんて壁にぶつかるものだ。

だが、ある試合で運命が変わる。3年目も終わろうとしていた78年秋の日米野球第1

戦、シンシナティレッズ対巨人戦で中畑はレフトスタンド上段へ逆転ホームランを放ったのだ。試合前にロッカーでコンタクトレンズを落とし、急いで〝母ちゃん（キヨシ妻）〟に届けてもらった新品のレンズで打撃開眼。この試合、〝ビッグレッドマシーン〟と称された大リーグの強豪チーム相手に巨人でホームランを打ったのは王貞治と中畑のみ。印象的な特大アーチで人生を変えた男のサクセスストーリーはここから始まる。

実はこのオフ、中畑はクラウンライターライオンズ（現・埼玉西武ライオンズ）へのトレードが決まりかけていたという。

1989年の日本シリーズ第7戦で最後の本塁打を放った中畑清

のちの「週刊ベースボール」には、当時のクラウン監督・根本陸夫の「あの時、中畑が来てたら、その後の西武も巨人も変わっていたかもしれんな」なんて台詞も残っている。〝ライオンズの中畑〟が実現していたら、大学後輩の石毛宏典と三遊間を組んで西武黄金時代を牽引していたかもしれない。

元気ハツラツ背番号24の存在は一躍注目され、翌79年から一軍に定着して新人王争いの活躍。まだV9戦士も多く残り、野球エリート揃いのスマートなイメージが強いチームにおいて、〝オレは多摩川のハナクソ〟と自嘲し、泥にまみれた叩き上げのド根性男は異端だった。浪花節が似合うその明るいキャラクターは〝絶好調男〟〝ヤッターマン〟と呼ばれ、瞬く間に人気選手となる。「巨人は嫌いだけど、中畑は好き」という野球ファンも多かった。4番サード長嶋に憧れ、79年秋の伊東キャンプで徹底的にしごかれた師弟関係。だがそのミスターが辞任し、王が引退した翌年の81年には原辰徳の入団や自らの故障もあり一塁手へ。するとキャリアハイの打率・322で藤田巨人の日本一に貢献。80年代前半、チャンスで打席に入ると張り切りすぎて緊張でガチガチなんて意外な一面も持ちながら、ONと原クロマティの時代の間を繋いだ4番打者は中畑だった。通算打率・290の中距離打者のイメージが強いが、王監督1年目の84年には31本塁打を放っている。

元同僚の定岡正二の著書『OH!ジャイアンツ』(CBS・ソニー出版)によると、プライベートの中畑はスイカやかき氷の早食いには定評があったという。だからなんなんだ……じゃなくて、スイカの種なんか気にせず、焼き肉に行けば半焼きでもおかまいなしで平らげる豪快さ。グラウンド整備の草むしりや餅つきイベントでも手抜きやサボりを知らないヤッターマンの素顔。ある日、定岡が中畑からサイン会に誘われて一緒に行くと、鈍行列車を乗り継いで、山奥の過疎の村に着いた。田舎の結婚式場が会場らしい。なぜこんなところに？　都内のデパートでもいいところはいくらでもあるじゃないか。定岡が思わず理由を聞くと、中畑は言った。

「うん、サダ。ここはな、オレがまだ一軍で活躍していないころ、最初に呼んでくれたところなんだ。だから、ここだけは大切にしたいんだ」

グラウンドでは自分は元気だけが取り得とオーバーアクションで盛り上げ、下積みの時代が長かったため義理堅く、裏方にも気を配る繊細さを併せ持つ。物怖じせず上にも下にもモノを言えるその人間性を買われ、31歳で選手会労組の初代会長にも就任。当時は中畑が先頭に立って、年金のアップや10年選手制度（のちのＦＡに近いルール）の導入などを目指し、労組結成の理由を発信し続けた。同時期に中畑のトレード報道が相次ぐが、高い発言力とファン人気を誇る新会長を恐れた機構側の組合潰しの一環ではとささえ噂されたほどだ。ときにトレード相手として騒がれた同学年の落合博満副委員長と二人で選手会の取材を受けることもあった。

80年代中盤、王巨人はなかなか優勝に手が届かなかったが、その責任を感じていたチームリーダーは87年シーズン、「オレは今年ダメならユニフォームを脱ぐ、それくらいの決意だね。カド番大関みたいなものだね」と33歳にして悲壮な決意で臨み、打率・321の好成績。確執も報じられた王監督の悲願のV1に貢献したが、34歳で迎えた88年あたりから徐々に引退報道が出るようになる。6月には『中畑サン引退しないで』（ブックマン社）なんて番記者の本が出版されたり、シーズン終了直後、OB堀内恒夫との対談では「来季に向けて、まだやるのか、やらないのか」と聞かれ、「いいとこ、ついてる（笑）。まだ、分からない」とはぐらかしていたが、実際の成績は124試合で打率・295（リーグ7位）に10本塁打、一塁手部門で7年連続ゴールデングラブを受賞と、まだ数年はレギュラーを張れそうな数字を残している。助っ人のクロマティはそんなキヨシについて、共著『さらばサムライ野球』（講談社）にこう書いた。

「中畑は俺と同じで、生まれついてのショーマンだ。カメラを向けられれば、おどけた表情をしないではいられない。グラウンドでもふざけ回る。日本人には珍しいタイプだ。だけどけっして冷静さを失わないし、根性がある。調子が悪かろうとケガをしていようと、毎日、一生懸命にプレーする。春季キャンプから十月の消化試合に到るまで、成績やスコアに関係なく、シーズンを通して同じテンションを保っている。本当に偉い奴だ。頭が下がる。皮肉なのは、ジャイアンツの中で最も王を嫌っている中畑が、王のもとで誰よりも熱心にプレーしていることだ」

結局、5年間で一度しか優勝できず、世界の王はこの年限りで退任（監督として評価されるのはのちに福岡へ渡ってからのことだ）。こうして前年引退した江川卓に続いて、西本聖《たかし》もトレードで中日へ移籍するなど、80年代の巨人を支えた男たちが続々とチームを去り、帰ってきた藤田元司新監督は組織の若返りを図ろうとしていた。そして、昭和が終わり、平成が始まって、中畑は「最後の1年」を迎えるわけだ。

プロ14年目の89年は原辰徳の左翼コンバートに伴い、9年ぶりに三塁に復帰するも、4月13日の阪神戦で帰塁の際に指を突き右手薬指脱臼で離脱。やがて、三塁岡崎郁と一塁駒田徳広で組む「恐怖の6、7番コンビ」が定着し、チームも首位を走る。背番号24は5月26日の中日戦で復帰するも、6月4日にはプロ入り以来初めて右肘を痛めてしまう。度重なる故障に打撃不振。すると、新宿でオーナーを務める焼き肉屋「童里夢」を秋にオープン予定ということもあり、こぞってマスコミは「今季限りの引退」を報じた。「週刊現代」89年6月10日号では、「中畑清『引退後は実業家兼タレント⁉』」の見出しで、「引退後は講演料にCMの出演料でざっと見積もって現在の年俸（推定5200万円）の4～5倍になるのは確実だ」と書かれている。今となっては現実感がないが、当時は未曾有の好景気に加え、〝元巨人〟という肩書きがあれば引退後の方が稼げるといわれた時代だった。7月末にはプロ野球労組会長の座も原に継承している。

『さよなら我らが中畑――男の中の男』（リム出版）によると、球宴中に来日していたF・ジョーブ博士を訪ねて右肘痛の診断を仰ぐと、「右肘の軟骨除去の手術をすれば、来年もプレー可能です」と告げられたという。仮にすぐ手術をすれば来季もプレーできる。だが、それは勝負の今シーズンを不完全燃焼で終えることを意味していた。結局、周囲に黙って故障を抱えたままプレーする道を選んだ中畑の出場は代打中心となり、打率は2割台前半と低迷。本人は明言しなかったが、終わりの時は近付いていた。しかし、35歳のベテランは試合前練習で誰よりも声を張り上げてノックを受け、ムードメーカーに徹する。藤田監督には「僕はもういいですから、若手を使ってください。その方がチームのためになります」と自ら進言。出番を失ったベテランは首脳陣批判を繰り返す不満分子になりやすいが、文句ひとつ言わずベンチからチームを盛り上げる中畑の姿があった。

そんな背番号24に藤田マジックも応える。10月6日の横浜スタジアムでは8回に代打で登場すると、右翼線へヒットを放ち激走。二塁にはヘッドスライディングで滑り込み、ハマスタは大キヨシコールに包まれた。チームもリーグ優勝を決めると、さらにドラマは近鉄との日本シリーズでクライマックスを迎える。

3勝3敗で迎えた第7戦、6回表に代打で登場。同期入団の篠塚が中畑の起用を監督に直訴した現役最終戦で、背番号24は吉井理人から「花の万博」の巨大広告が掲げられた藤井寺球場の左中間スタンドへダメ押しのホームランをかっ飛ばす。初球を豪快に空振りしてからの2球目をとらえた会心の当たり。笑顔で両手を突き上げベースを一周すると、ベンチ前で同僚たちから手荒い祝福を受け、クロマティと抱き合い男泣き。これがハッピーエンドの最終打席というイメージは強いが、実は8回表に現役最後の打席に立ち三塁フライに倒れているのもまたキヨシらしい。巨人も3連敗のあとの4連勝で8年ぶりの日本一に輝いた。一流にはなれなかったけど、〝超二流の選手〟と自らを評した、記録より記憶に残る男らしいラストダンス。

「引退後の中畑はタレント業をやるんだろうなんて一部でいわれたりもしたけど、それはないぜ。オレは野球だけでメシを食ってきた人間よ。タレントになったりしたらバチが当たるんじゃないの」

シリーズ終了後の独占インタビュー「週刊現代」89年11月18日号のその言葉通り、引退後は野球評論家となり、93年には長嶋監督のもとで巨人打撃コーチとして現場復帰。アテネ五輪では日本代表チームでミスターの代行監督を務め、一時は政治の道を志したこともあったが、2012年から4シーズンにわたりDeNA監督として指揮を執った。19年には巨人OB会の新会長就任がニュースになり、絶好調男は令和でも野球人であり続けている。

さて、この中畑と同時代にライバルチームの阪神で甲子園を熱狂させていた三塁手が、〝ミスタータイガース〟こと掛布雅之である。

8　中畑清

年度	所属球団	試合	打数	安打	本塁打	打点	盗塁	打率
1977	読売	7	5	2	0	0	0	.400
1978	読売	5	3	1	0	1	0	.333
1979	読売	100	333	98	12	45	4	.294
1980	読売	124	459	123	22	57	10	.268
1981	読売	109	416	134	16	66	10	.322
1982	読売	124	468	125	25	78	4	.267
1983	読売	114	416	125	15	68	13	.300
1984	読売	130	493	145	31	83	4	.294
1985	読売	125	490	144	18	62	7	.294
1986	読売	127	447	122	14	69	7	.273
1987	読売	110	371	119	6	40	6	.321
1988	読売	124	444	131	10	46	5	.295
1989	読売	49	113	25	2	6	0	.221
	通算	1248	4458	1294	171	621	70	.290

9．ミスタータイガースの意地と美学
——掛布雅之（1988年・阪神タイガース）

みなさんは「カケフくん」を覚えているだろうか？

80年代に活躍した子役タレントで、所ジョージのテレビ番組に阪神タイガースの掛布雅之のそっくりさんで出演したことが話題に。人気絶頂時には『カケフくんのジャンプ天国 スピード地獄』なんてなんだかよく分からないファミコンソフトまで発売されたほどだ。

しかし、この理不尽なほどに難易度が高いゲームが発売された1988（昭和63）年、本物の掛布雅之は現役引退している。まだ33歳の若さで選手会長も務めていた。今の球界で言えば、坂本勇人や柳田悠岐の年齢である。しかも、掛布はこの3年前の85年に40本塁打を放ち、阪神日本一の原動力となっていた。そこからの展開があまりにも急だ。

ミスタータイガースはいったいどんな「最後の1年」を過ごしたのだろうか？

千葉県生まれの掛布は73年ドラフト6位で習志野高からプロ入り。ほとんどテスト入団のような形で、縦縞のユニフォームに袖を通せただけで満足していたが、すぐさま一軍で頭角を現す。先輩選手が結婚式を挙げるためにオープン戦を休むことになり、代役昇格したルーキー掛布はいきなり3安打の猛打賞。プロ2年目の75年には主に三塁を守って11本塁打を放ち、「週刊ベースボール」75年7月21日号で、初の球宴出場を狙う「ポスト長嶋へ飛び出した若虎」リポートが確認できる。その175センチの小さな体から放たれるリストのきいた強烈な打球には、相手チームにいた元大リーガーの助っ人選手も、「あんな飛距離の出るバッターが日本にいたのか」と

1988年、現役最終年に通算1000打点を記録した掛布雅之

驚いたという。

3年目は27発で三塁手ベストナイン受賞、5年目は30本台クリアと、田淵幸一に代わる和製大砲として順調に育ち、6年目の79年には48本塁打で自身初のタイトル獲得。24歳のキング候補に対し、「サンデー毎日」79年6月17日号では「ヒーロー交代 掛布は王を抜けるか」なんて特集も。それ以前にも「年俸6000万円の世界の王と960万円の若トラ」的な比較記事は多かった。つまり、掛布はポストONを託された男だったのである。

と言っても、ONと同球団で常に比較され続けた巨人の原辰徳ほど過剰なプレッシャーにさらされることもなく、まだラッキーゾーンがあった甲子園でのびのびとプレーした背番号31は、82年と84年にも本塁打王を獲得。オールスターで3打席連発弾を放ち、ズンドコ歌唱力がご愛嬌の『掛布と31匹の虫』でレコードデビューも果たし、金鳥かとりマットのテレビCMで見せるユルキャラで全国区のスター選手に。イチロー登場以前の野球少年が真似した打席での有名なルーティーンと言えば、自身のユニフォームの太ももをたくし上げ、バットを持つ右手を回し肘を絞る掛布の一連のムーブだった。あの松井秀喜が少年時代に憧れ、あだち充の人気野球漫画『H2』の登場人物、木根竜太郎は子供の頃に掛布ファンで左打ちの打撃フォームを真似たという設定である。

そんな掛布人気がピークを迎えるのが、85年の阪神21年ぶりの優勝だろう。掛布は三冠王バースのあとの4番を打ち、130試合フル出場で打率・300、40本塁打、108打点、OPSは1・017という堂々たる成績を残し、球団初の日本一にも貢献。オフに年俸8800万円で契約更改し、山本浩二（広島）を抜いてセ・リーグ№1の高給取りに。ミスタータイガースは「日本最強の4番打者」とまで称賛されるようになる。この時期、関東でも虎党が急増し、初代『ファミリースタジアム』では、阪神がモデルの猛虎打線「まゆみ、よしたけ、ばあす、かけふ、おかだ」のタイタンズが人気だった。

しかし、だ。翌86年4月20日、中日戦で斉藤学投手から左手首に死球を受け骨折。この瞬間、5年連続フル出場中で張りつめていた緊張の糸が切れた。ここから背番号31の順調な野球人生が一変してしまう。骨折から復帰後すぐの5月27日の巨人戦、今度は三塁守備時に打球が直撃し右肩腱板損傷で登録抹消。ようやく夏場に戻って来られたと思ったら、8月26日ヤクルト戦で打球処理の際に左親指剝離骨折。この年は67試合で、わずか9本塁打に終わる。

翌87年は3月22日に飲酒運転で久万《くま》俊二郎オーナーから激しく叱責される事件を起こ

し、開幕しても腰痛に悩まされ、極度の打撃不振に陥る。阪神の4番サードの看板にプライドを持ってきた掛布の意地が、打順降格するぐらいなら辞めるという引退報道にすり替わり（心配した長嶋茂雄から電話があったという）、6月2日には吉田義男監督が騒動を収束させようと「腰痛悪化のため」と二軍降格を決断。スポーツ用品店やお好み焼き屋経営の副業を面白く思わないオーナーとの関係も悪化した。同時期に監督と衝突した打撃コーチが退団する騒動もあった。この年、掛布は打率・227、12本塁打、45打点と2年続けて低迷。阪神も球団ワーストの勝率・331で首位と37・5ゲーム差の最下位に沈み、吉田監督は辞任。そうなると、当然チームの顔が叩かれる。思い通りに動かない体に加え、自宅への嫌がらせ電話や手紙の数々。32歳にして、ミスタータイガースは心身ともに満身創痍だった。

そうして、掛布は88年にプロ15年目の「最後の1年」を迎えるわけだ。腰痛や左膝痛を抱えながら、開幕から全試合に出場を続ける背番号31。しかし、村山実監督は担当記者に「掛布は成績不振にもかかわらず、酒だけは一人前や。自己管理がなっとらん！」なんて愚痴る日々。日刊スポーツ大阪版一面に「打てぬ主砲に村山監督〝断〟掛布六番降格」の見出しが躍った7月12日までの66試合で、２４９打数63安打の打率・２５３、5本塁打、32打点。すると翌13日、試合開始前の甲子園球場内ロッカールームで、古谷真吾球団代表、高田順弘本部長、村山監督らと2時間以上の四者会談が行われる。掛布はその日は欠場して帰宅。翌14日、「左膝の治療に専念するため」と一軍登録を抹消された。

「週刊ベースボール」88年8月1日号では、4番打者の不可解な二軍落ち、さらに息子の難病の治療費を巡り球団とぶつかったバースの解雇問題で揺れる、阪神お家騒動の緊急特集が組まれている。3年前の日本一の立役者、バースと掛布が立て続けに一軍から姿を消す異常事態。さらに田宮謙次郎ヘッドコーチがシーズン序盤に突然辞めたり、7月には球団代表の自殺という痛ましい事件も起きてしまう。グラウンド内外で混乱したチームは2年連続の最下位に低迷した。

　膝の痛みを抱えた掛布は、7月の二軍降格以降もファームで若手に混じって練習に出るが、ウエスタン・リーグの試合はベンチに入っても座っているだけ。そして、9月14日、一軍本隊が東京遠征中に、大阪で「自分なりに結論を出した。悔いはありません」と引退会見を開く。球団から提案された、シーズン終盤は一軍に帯同してビジター球場を回るプランも断り、最後に甲子園のグラウンドに立つことだけを望んだ。10月10日の本拠地最終戦。ヤクルトとのダブルヘッダー第2試合に慣れ親しんだ「4番三塁」でお別れのスタメン出場。妻や子供に加え、初めて両親を甲子園のスタンドに招待したラストゲームは三塁守備で横っ飛びの好捕を見せたが、打つほうでは快音なし。最終打席もストレートの四球だった。まさか、ファンも7月6日の広島戦で放った今季5号、通算349本目のアーチが掛布雅之の現役最後の一発になるとは思いもしなかっただろう。

もちろんまだ33歳の掛布には、大洋やヤクルトなど複数球団から「31番を用意するから」と熱烈ラブコールが来たが、先輩の江夏豊や田淵幸一がトレードで他球団へ出される姿を見てきたため、自身はタイガースの背番号31で終わることを選んだという。「週刊ポスト」88年11月18日号では、その江夏と対談した掛布が、「前にトレード云々みたいなことが新聞紙上に出ましたけど、もしそういうことが実際にあれば、その時でもユニフォームを脱いだんじゃないかな……」とまで言っている。

掛布は掛布なりの意地と美学を貫き通して現役を終えたのである。「週刊現代」88年12月24日号では、人気ドラマ『スケバン刑事』のヒロイン浅香唯、『ドラクエⅢ』が350万本の大ヒットとなった堀井雄二らと同じページに、引退直後の掛布は解説者兼マルチタレントとしてCM出演や講演会に大忙しで、選手時代より年収倍増のモテモテぶりなんて記事も確認できる。

さて、そんなミスタータイガースと激しいライバル対決を繰り広げたのが、同い年の巨人の〝怪物〟江川卓である。

9　掛布雅之

年度	所属球団	試合	打数	安打	本塁打	打点	盗塁	打率
1974	阪神	83	162	33	3	16	1	.204
1975	阪神	106	317	78	11	29	0	.246
1976	阪神	122	406	132	27	83	5	.325
1977	阪神	103	381	126	23	69	4	.331
1978	阪神	129	465	148	32	102	7	.318
1979	阪神	122	468	153	**48**	95	10	.327
1980	阪神	70	258	59	11	37	2	.229
1981	阪神	130	458	156	23	86	1	.341
1982	阪神	130	464	151	**35**	**95**	6	.325
1983	阪神	130	483	143	33	93	6	.296
1984	阪神	130	442	119	**37**	95	3	.269
1985	阪神	130	476	143	40	108	3	.300
1986	阪神	67	254	64	9	34	0	.252
1987	阪神	106	387	88	12	45	0	.227
1988	阪神	67	252	63	5	32	1	.250
	通算	1625	5673	1656	349	1019	49	.292

10. 昭和の怪物の電撃引退

——江川卓（１９８７年・読売ジャイアンツ）

「わたし江川って凄いと思うな。日本中を敵にまわして、へこたれないんだもん」

奥田英朗の小説『東京物語』（集英社文庫）で、普段は野球を全然見ない19歳の女の子がそんな言葉を口にするシーンがある。彼女はさらにこう続ける。「まだ二十四歳でしょ。並の人間なら自殺してると思うな」と。この章の物語の舞台は１９７９（昭和54）年6月の設定で、当時は日本中で激しい江川バッシングが繰り広げられていた。

そう、江川卓のプロデビュー戦は79年6月2日の巨人対阪神である。ラインバックの逆転3ランなど3アーチを浴び5失点で負け投手となったが、ペナント序盤の一戦がテレビ視聴率39・9パーセント（関東地区）を記録、79年のスポーツ中継で1位に輝くほどの異様な注目の中での登板だった。作新学院時代は１４５イニング連続無失点にノーヒットノーラン11度（完全試合2度含む）、法政大では六大学史上2位の通算47勝、通算最多の17完封に443奪三振という、いまだに日本野球史上屈指の才能と称される「昭和の怪物」。ドラフトでは高卒時に阪急（現・オリックス）、大卒時はクラウンライターとそれぞれ1位指名を受けるが入団拒否、そしてアメリカで浪人生活を送っていた78年11月にあの事件が起きる。

野球協約の盲点を突いた〝空白の一日〟騒動である。球界には、「ドラフト会議で交渉権を得た球団がその対象選手と交渉できるのは、翌年のドラフト会議の前々日まで」で、会議前日は準備にあてるという、事実上の紳士協定があった。にもかかわらず、巨人は「ドラフト前日はフリーの身分になるので契約可能」と主張する、今ならネット大炎上間違いなしの強引さで、11月21日に江川との電撃契約を発表。当然、セ・リーグ事務局から契約は認められず、巨人だけがボイコットした翌22日のドラフト会議では、1位江川で4球団競合の末に阪神が交渉権を獲得する。

しかし、その後も事態は二転三転し、年が明けた79年キャンプイン直前に金子鋭《とし》コミッショナーの「強い要望」もあり、巨人のエース小林繁が阪神へ、江川は巨人へ移籍。当時の週刊誌を見ると、「江川卓一人で巨人軍がつぶれる！」「史上最低の猿芝居‼」なんて、とにかく巨人……というより江川が叩かれまくり、自転車で外出する本人を多くの報道陣が車で追いかけまわす写真も確認できる。

まあ、そう興奮しないでやりましょう。過熱する大人たちの行き過ぎた報道に疑問を呈したのが、23歳の江川と同世代の若者たちだった。「週刊現代」79年6月14日号では「江川はわれらヤングの英雄」という特集が組まれ、「能力を前面に押し出した生きざまが好き。ぼくらの世代の英雄です」（学生・20歳）、「ルール違反したって？　オレはその変なルールに敢然と立ち向かった江川に拍手を送るよ」（社会人・24歳）と支持。気が付けば、江川卓は社会を舐めた自分勝手な最近の若い連中の象徴といった論調で激しく糾弾するマスコミと、野球協約破りのシナリオを描いたのは後見人を務める政治家や巨人側の弁護士で、彼も被害者だと擁護する若者という、いわゆるひとつの世代

現役最後の登板となった1987年の日本シリーズ第3戦の江川卓

論へと発展していく。

アンチもファンも、ニッポンの世間をも巻き込んだ〝昭和の怪物〟への注目度は凄まじく、調整登板で後楽園球場での二軍戦に先発すると5万人の大観衆が詰めかけ、エガワコールをする観客の8割は20代の若者だったという。そんな背景を理解すると、『東京物語』の野球に興味のない女の子が「江川って凄いと思うな。日本中を敵にまわして、へこたれないんだもん」と口にしたのも分かる気がする。物事を強引に進める「エガワる」なんて造語が少年たちの間で流行る異常事態。ちなみに、「少年ジャンプ」79年5月28日号から連載開始された『キン肉マン』の主人公の名は、キン肉スグルである。

なにより、背番号30には投手としての圧倒的な力があった。2カ月の出場自粛期間と浪人生活のブランクがあった1年目こそ9勝だったが、2年目は16勝で最多勝と最多奪三振のタイトルを獲得。被本塁打が多いのもご愛嬌、150キロ超えの手元でホップして見えると恐れられた豪速球とカーブのシンプルな投球で、3年目の81年は20勝6敗、防御率2・29、221奪三振、年間20完投（7完封）と投手タイトルを独占した。当時は記者投票の沢村賞こそ逃すというオチがついたものの、自身初のMVPに輝いた。あれだけ批判的だった週刊誌も、「悪くて強くて凄いヤツ！　徳川家康、田中角栄、江川卓。こういうダーティーヒーローがいてこそ、世の中は面白くなる。楽しくもなる」（「サンデー毎日」81年9月6日号）と全面降伏状態。

19勝を挙げた翌82年は24完投の内、無四球試合が10。263・1回でわずか27四死球のテンポの良さに、江川の投げる試合は2時間弱で終わることも多く、ネット裏の記者も試合後に一杯飲む予定を入れやすかったという。打撃センスも抜群で、83年は投げては16勝、打っては77打数22安打の打率・286、3本塁打、13打点という二刀流級の昭和のベースボールモンスター。84年のオールスター戦での8者連続三振の快投も語り草だ。その活躍とともに、やがて元来のひょうきんなキャラクターも浸透し、唐突に桃太郎に扮する不二家ネクターのCMも話題となった。

しかし、だ。そんな巨人の大エースは、8年連続二桁勝利となる13勝を挙げた87年限りで、電撃引退している。32歳の若さだった。現在の球界で言えば菅野智之が今季32歳なので、どう考えても早すぎる現役引退だ。さて、いったい昭和の怪物はどんな「最後の1年」を過ごしたのか、振り返ってみよう。

プロ9年目の背番号30は、84年の〝コシヒカリ〟（打者の腰を引かせるスライダー）、85年の〝マスクメロン〟（打者の顔面＝マスクを狙ってメロメロにするドロップカーブ）に続く87年版新球〝ラビットボール〟（パームボールを投げる際の2本の指がウサギの耳そっくりなため）がキャンプから話題だった。数年前、CM撮影中のアクシデントで悪化した右肩痛を中国鍼《ばり》で治療しながら投げ、球速は140キロ前後まで落ち、試合終盤になるとバテる〝100球肩〟と揶揄《やゆ》されたが、それでも86年は16勝を挙げているのだから、やはりモノが違う。

その一方で事業や投資に強い興味を持ち、ケンタッキーフライドチキンがあれだけやれるならと、アメリカで焼鳥屋のオーナーになる夢を語る。「人間はだんだんと年をとるし、それにつれて力も落ちる。それが人生ですよ。プロで十年間働けば、サラリーマンの定年まで勤めたのと同じ」（「週刊ポスト」86年1月17日号）なんて達観した人生観の持ち主でもあった。

87年シーズンの江川は4月11日の中日戦で初先発すると、7回2失点にまとめて初勝利。5月は2試合連続4失点など心配されたが、この年の巨人打線は好調で、不思議と黒星はつかなかった。5月13日の阪神戦では9回7安打2失点7三振のシーズン初完投勝利を挙げ、6月は3勝0敗、中10日空けた7月21日の前半最後の先発でも6回3失点で勝ち投手となり、9勝1敗という好成績でオールスター戦を迎える。

だが、そんな32歳の怪物を上回るペースで快進撃を続けたのが、19歳の桑田真澄である。桑田は前半だけで12勝を挙げ「エース世代交代」と騒がれた。この頃、江川は夢の球宴が行われた球場に珍しく愛妻を招待している。それまで家族を呼ぶことはしなかった背番号30の心変わりの真相に周囲が気付くのは、この数カ月後のことだ。

さて、王監督から後半戦開幕のマウンドを託されるも約3カ月ぶりの黒星を喫した江川だったが、8月13日の阪神戦で4安打1失点の完投勝利で8年連続の二桁となる10勝目。さらに8月27日の大洋戦も後楽園で156球を投げきり、3年ぶりの3連続完投でハーラートップに迫る12勝目を挙げる。凄い、数字だけ見れば現役バリバリである。しかし、いつもは試合後に冗談まじりで投球内容を振り返る男が、3連続完投直後には「(肩の状態は)正直に言って、ギリギリのところで投げているんだよ。なぜ完投できたのか、自分でも分からない……」と追い詰められた表情で口にした。

江川が痛めた右肩の三角筋の奥にはシコリがあるが、痛み止めの注射を今年はすでに3回も打っている……と書く「週刊ポスト」87年9月25日号の直撃取材に江川は、「来年はどうなるか分かりませんよ。ある日、突然投げられなくなる恐怖が、このところずっと続いているんです。だから、そんな恐怖にいつまでもさらされるくらいなら、自分の方から燃え尽きた方がいいと考えているんですよ」なんて不穏な受け答えをしている。それでも、あくまでいつもの江川節で、これだけ勝っている投手がまさかすぐ辞めることはないだろうと周囲は受け取っていた。

王巨人初のリーグ優勝のカウントダウンに突入していた9月20日の広島戦では、「近年では一番いいピッチングだった」と直球主体で押すも、2対1とリードした9回裏二死から、一塁を守る中畑清が痛恨の守備のミス（記録は高橋慶彦の内野安打）、続く法大の後輩・小早川毅彦に真ん中高めの直球を捉えられ逆転サヨナラ2ランを浴び、背番号30はマウンドに膝から崩れ落ち、試合後に涙を流す。後楽園球場でのラストマッチ、西武との日本シリーズでは10月28日の第3戦に先発すると、石毛宏典とブコビッチにソロアーチを浴びながら8回2失点と好投するものの負け投手に。まさか最後の勇姿とはファンも同僚選手も思いもしなかったが、すでに気持ちを固めていた江川はスタンドには両親も呼んでおり、これが昭和の怪物の現役最終登板となった。

日本シリーズに2勝4敗で敗れた11月1日夜、江川は王監督に引退の意向を伝えるも、驚いた球団側は現役続行を説得しようと発表を先延ばし。しかし、ファン感謝デーが行われる11月8日、スポーツニッポンで今季限りでの引退が報じられる。11日には長谷川実雄球団代表と王監督から再度慰留されるも決意は固く、翌12日にホテルニューオータニで引退会見を開いた。

「僕としてはどうしてもドームでやりたかったし（東京ドームは翌88年から使用開始）、10年というのはどうしても達成したかった。そこでこの鍼を（右肩に）打たなければ……打たないで回避すれば来年もできる。ただ、そこに打てばなんとか投げきることができる。ただ、そこに打ってしまうと今年で終わってしまう」

異様な会見場の熱気に本人が興奮して口をついた、あまりに有名な「禁断の鍼」発言だが、のちに「そんな危険なツボはない」と鍼灸医団体から抗議を受け、謝罪する騒動となったのも江川らしい。なお、この直後の「週刊サンケイ」88年3月10日号でのキャスター安藤優子との対談で、ふとこんな言葉を漏らしている。

「肩だけの話しかしなかったけど、腰も膝も痛んでいた。プロの体じゃなかったということです。年齢的には32ですが、肉体的には37、8歳という状態だったのです」

9年間で通算135勝72敗3S、防御率3・02。これ以上やっても二桁勝利は無理かもしれない。後年、掛布雅之との共著『巨人-阪神論』（角川書店）の中で告白しているが、入団1年目に2カ月間のペナルティも影響して9勝で終わった際に、一桁勝利で終わるようではプロ野球選手を続けちゃダメだと決意していた。右肩痛に悩まされた現役後半は、「もうそろそろかな」と引き際を探りながらのピッチングだったという。そのことはチーム内部にすら知られないよう細心の注意を払った。同情されるくらいなら憎まれた方がマシだ。

最後までエースの、そして江川卓の美学を貫き、13勝5敗の好成績でユニフォームを脱いだ。もし高卒時にプロ入りしていたら……というのは、野球ファンの間で今も語られる永遠の論点だ。翌88年3月18日、背番号30は東京ドームのこけら落としゲームとなった、阪神とのオープン戦で同い年のライバル掛布雅之相手に引退セレモニーを行い、真新しいマウンドから正真正銘のラストピッチング。

昭和の怪物が投げた最後の1球は、時速83キロのスローボールだった。

さて、83年の日本シリーズで、その江川打倒に燃えた男がいた。西武の主砲・田淵幸一である。

10　江川卓

年度	所属球団	登板	勝利	敗北	セーブ	投球回	奪三振	防御率
1979	読売	27	9	10	0	161	138	2.80
1980	読売	34	**16**	12	0	261.1	**219**	2.48
1981	読売	31	**20**	6	0	240.1	**221**	**2.29**
1982	読売	31	19	12	0	263.1	**196**	2.36
1983	読売	33	16	9	3	217.2	131	3.27
1984	読売	28	15	5	0	186	112	3.48
1985	読売	30	11	7	0	167	117	5.28
1986	読売	26	16	6	0	194	119	2.69
1987	読売	26	13	5	0	166.2	113	3.51
	通算	266	135	72	3	1857.1	1366	3.02

11．4番打者のままで
――田淵幸一（1984年・西武ライオンズ）

おおっ、『がんばれ!!タブチくん!!』だ。

2020年冬、田淵幸一の野球殿堂入りニュースを聞いて、あの漫画を懐かしく思い出した中年世代も多いのではないだろうか。1979（昭和54）年11月には、ベストセラーとなったいしいひさいち原作をアニメ映画化。当時の映画雑誌「キネマ旬報」を見ると、『戦国自衛隊』『処刑遊戯』『団地妻 肉欲の陶酔』『ルパン三世 カリオストロの城』『快楽昇天風呂』といった作品とともに『がんばれ!!タブチくん!!』も特集が組まれている。野球ギャグ漫画らしく、1イニング10分、9イニング（1話10分で完結を9回分）で構成され、主役の声は西田敏行が担当した。

それまでの野球選手作品のように格好良いシリアス路線ではなく、太って間抜けな愛嬌のあるキャラとして描かれたタブチくんは圧倒的な人気となり、映画は第三弾まで公開、79年から所沢へ移転した西武ライオンズの広告塔の役割を果たす。このモデルとなった田淵幸一は生粋のスラッガー、いや球史に残るホームランアーティストだった。

法政大時代に身長186センチの大型捕手として22本塁打の六大学記録を樹立し、68年ドラフト会議では出身地の東京のチーム、巨人入りを熱望するも阪神から1位指名を受ける。悩んだ末に阪神へ入団すると、1年目から22本塁打を放ち新人王を獲得。オールスター戦で9連続奪三振を達成した江夏豊との黄金バッテリーも話題となった。右打席から放たれる打球は美しく、誰よりも高い放物線を描いてのスタンドインが代名詞。4年目の72年には34本、73年の通算100号は長嶋茂雄の504試合、王貞治の563試合を大幅に上回る424試合目で達成。74年はキャリアハイの45発、そしてついに75年に43本でセ・リーグ本塁打王に

1984年、シーズン13本目となる本塁打を放つ田淵幸一

輝く。あの世界の王の14年連続本塁打王を阻止したのは、この男のバットだったのである。「1試合3イニング連発」や「巨人戦7打数連続アーチ」とその規格外の打撃ばかりが注目されるが、捕手としては実は強肩が武器で、4度のシーズン盗塁阻止率5割超えをマーク。72年オールスター戦では全パの福本豊を3度刺したこともあるほどだ。一方で怪我の多さに悩まされ、2年目には左側頭部に死球を受け入院（当時は耳あてのないヘルメットだった）。退院後には、急性腎炎にかかり今度は80日の入院生活へ。薬の副作用の肥満にも悩まされた。捕手の道も右手中指を骨折して以降は、無理な送球フォームとなって肩を壊してしまい断念した。

体重増から来る腰痛や捕手の勤続疲労で、タイトル争いのかかるペナント終盤に度々欠場したが、それでも田淵は自著『中年・田淵くんの逆襲』（集英社）の中で、「ぼくは肝心なときに怪我をする」なんて、なぜかJ-POPのタイトル風に笑い話にするのである。阪神時代、自宅で外国人選手の送別パーティーを開いてやったら、チームを出ることになったのは俺の方なんてしっかりオチをつける。田淵はそのスケールの大きさと明るさでファンから愛された。

78年オフ、10年間も阪神の主役を張りながら、午前1時45分のトレード通告で新興球団の西武ライオンズへ放出。深夜に電話を受け、愛車のキャデラック・エルドラドをぶっ飛ばして、小津正次郎社長がいるホテル阪神へ向かった。

「何が外で勉強してこいや。外で勉強してこいというのは、自分のところで教育する力がないということやないか。タイガースの恥を自分で表にさらしているのが、社長にはわからんのやろか。そんなことはない。球団はどうしてもオレを外へ放り出したいということや」

直後の「週刊現代」78年11月30日号インタビューで、「こんな人をバカにした汚いやり方があるか」と、珍しく怒りをぶちまける田淵。要は32歳を襲う突然のリストラみたいなものだ。新監督のドン・ブレイザーが放出を望んだ？　長年チームを支えた俺よりも、外から来る人間の言うことを聞くのか。しかも、盟友・山本浩二のいる広島や、ライバルチームの巨人といったセ・リーグには出せないという。なら、パ・リーグの阪急をと言っても駄目。近鉄や南海（現・福岡ソフトバンクホークス）もあれやこれや理由をつけて駄目だった。「みんなこういう形で辞めていく。みんな後味の悪い辞めかたをする。これだから阪神ＯＢはみんながみんなタイガースを冷たい目で見るようになるんや」

と、田淵は10年後の掛布やバースの悲しい退団を予言するかのような発言も残している。

入団のときは大勢のカメラマンが出迎えた新大阪駅。なのに薄っぺらのボストンバッグ片手に出て行くときは、誰ひとりとして見送る者はいなかった。それでも、新幹線が東京へ近付くにつれ、パ・リーグでいっちょうやってやるかと前を向き、根本陸夫監督率いる西武ライオンズの新しい顔として所沢行きを受け入れる。第二の野球人生のスタートだ。くよくよしたって仕方がない。田淵には情念よりも、からっと乾いたホームランがよく似合う。自分が笑われようが「ファンの人が楽しんでくれるならそれでいい」なんて『がんばれ!!タブチくん!!』が大ヒットするわけだ（のちに再婚するジャネット八田は野球をほとんど知らなかったが、この漫画で田淵の存在を認識したという）。

新生ライオンズは選手が寄せ集めなら、球団職員は素人集団。その歴史は79年の開幕12連敗から始まった。移籍後の田淵は一塁かＤＨの起用が中心となったが、80年には両リーグ40発達成の43本塁打を放つ。81年にはゴルフ中の捻挫が笑い話となったが、オープン戦の本塁突入で右膝を痛め、シーズンでもそれが完治しないまま出場を続けたら右膝半月板挫傷で戦線離脱。86試合でキャリアワーストの15発に終わり、一時は引退も考えるも、35歳の手負いの獅子は10月から自主トレを始め復活を期す。

82年に〝管理野球〟の広岡達朗新監督のもと西武初V。これは田淵にとってもプロ14年目で初めて味わう美酒だった。中日との日本シリーズを制し、名古屋から東京へ向かう帰りの新幹線ひかり号の中で、選手を代表した田淵が、確執を囁かれた広岡監督に「今夜は一緒に祝杯をあげましょう」と誘ったという（選手と酒の席をともにしない主義の広岡は、その誘いをやんわり断った）。阪神を出されて4年。背番号22は名実ともにパ・リーグの顔となった。そして、翌83年に36歳の田淵は再び話題の中心となる。序盤から、王の持っていた年間55発の記録を上回るペースで本塁打を量産したのである。

5月前半に4試合連続アーチ、5月後半には3試合連続のホームラン。5月28日には長嶋茂雄の444号を抜く445号を放ち、セ・パ両リーグにまたがる月間MVPも受賞した。6月14日、西武球場の近鉄戦で24号を記録したときには、64年に24歳・王が55号をマークした時よりもハイペースだった。しかし、だ。ホームランキング独走の29本塁打で迎えた7月13日、日生球場での近鉄戦で、柳田豊投手の4球目が左手首を直撃する。結局、世間が注目した55本塁打への挑戦は、左手尺骨下端骨折で途切れてしまう。それでも終盤になんとか復帰すると、巨人との史上最高の熱戦とも称される日本シリーズを4勝3敗で制し、田淵は正力賞を受賞。背番号22が一発を放った試合はチームも24

勝2敗2分と絶好調で、この年は82試合（349打席）で30本塁打、OPS1・020と凄まじい成績を残している。

……にもかかわらず、翌84年に田淵は「最後の1年」を迎えるわけだ。春季キャンプでノック中に後ろのネットが倒れて直撃し、右足アキレス腱部挫創のアクシデント。ちなみに雑誌「現代」で「タブチ君日記」という4コマ漫画付きの新連載が始まっていることからも、当時の田淵人気の高さが窺い知れる。

3月中旬には風邪でダウン、開幕前後には花粉症にも悩まされた。5月11日には近鉄の300勝投手鈴木啓示から通算1500安打を達成。一方で「打球が今ひとつ伸びなくなった気がする」なんて弱音もポロリ。6月7日には広岡監督と話し合い、「しばらくスタメンからはずれて気分を楽にして、もう一度下半身から鍛え直してみないか」とベンチスタート。「タブチ君日記」には、「ついにオレにも来るべきときが来たのか……。いやいや、そんなことはない。まだまだイケルはず。王さんは40歳までやったじゃないか。オレはまだ37。コージ（山本浩二）もガンバッてる。ネバーギブアップ」という記述が確認できる。

6月末には一部スポーツ紙で引退報道。7月6日には意地の11号アーチ。その1週間後には、ボス広岡からの監督推薦でオールスター出場が決定する。甲子園の第2戦では試合前のホームラン競争で10スイング中6本のサク越えと格の違いを見せつけるが、「グラウンドを出るとき、ちょっぴりセンチメンタルになった。これで最後の甲子園だろうなあ」なんて、遠回しの引退宣言のような言葉を残している。後半戦開始直後のルーキー渡辺久信（現・GM）の快投には「19歳、オレの年の半分だよ」と後輩を称えた。なんとなく、前年に通算本塁打で憧れのミスター越え、日本シリーズで悲願の打倒・巨人も果たし、本人も周囲もやりきった感が漂っているような雰囲気すらある。

そして、9月16日。田淵は雨の夜に根本管理部長宅を訪ねる。熱いお茶を一杯よばれてから本題へ。応接間のテレビには、広島対巨人戦が映っていた。去年のシリーズでぶつかった江川が投げている。色々あったが、阪神を追い出されたときに西武が拾ってくれたのはこの人のおかげだからケジメの挨拶だ。「ついに来るべき時が来ました」という田淵の言葉に、根本は黙って頷いた。23時過ぎ、帰りの車に乗り込みエンジンをかけ、「これで終わったんだな」と静かに思った。仕事も恋愛も人生も、何事も始まるときの喧噪とは裏腹に、終わる瞬間は呆気ないものだ。打率・230、14本塁打、55打点。閉幕直前に38歳になるが、代打ならまだやれる。だが、背番号22は4番打者のまま死ぬことを選んだ。16年間のプロ生活の締めくくりは84年9月29日、西宮球場での阪急戦に「4番一塁」で先発出場。最終打席は左飛に倒れ、9回の守備はマスクを被って、試合後はキャッチャー姿のまま惜別の胴上げ。通算474本塁打、計6875打席に立ち、犠打は「0」のホームランアーティストだった。

引退直後の「サンデー毎日」84年12月9日号独占インタビューに掲載された言葉が、その後の田淵の野球人生を象徴している。

「昔から、次郎長よりか、大政、小政のほうが好きだったんです。誰かを後ろからバックアップするほうが好きだった。だけど前に出されちゃった。オレはいやだというのに、体の大きさもあって、おまえ行けと、後ろからドーンと押された感じなんです（笑）」

90年からダイエーで監督業をするも成績不振で3年で解任され、やがて文字通り後ろから、阪神、日本代表チーム、楽天で常に友人の星野仙一を支えることになる。

さて、そんな田淵幸一と入れ替わるように、85年のドラフト会議で西武から1位指名を受けた右打ちのスラッガーがいる。

そう、ＰＬ学園出身の清原和博である。

11　田淵幸一

年度	所属球団	試合	打数	安打	本塁打	打点	盗塁	打率
1969	阪神	117	359	81	22	56	1	.226
1970	阪神	89	316	77	21	40	1	.244
1971	阪神	80	276	63	18	45	2	.228
1972	阪神	128	469	121	34	82	2	.258
1973	阪神	119	398	102	37	90	0	.256
1974	阪神	129	407	113	45	95	2	.278
1975	阪神	130	426	129	**43**	90	2	.303
1976	阪神	130	440	122	39	89	1	.277
1977	阪神	102	341	89	23	59	2	.261
1978	阪神	117	413	119	38	89	1	.288
1979	西武	107	382	100	27	69	0	.262
1980	西武	123	440	117	43	97	3	.266
1981	西武	86	283	70	15	49	0	.247
1982	西武	114	340	74	25	59	0	.218
1983	西武	82	300	88	30	71	1	.293
1984	西武	86	291	67	14	55	0	.230
	通算	1739	5881	1532	474	1135	18	.260

12．41歳のとんぼ
──清原和博（2008年・オリックスバファローズ）

「ロールスロイスに乗ってセブン-イレブンにおでんを買いに行く。それがボクの夢なんですよ（笑）」

プロ2年目の春、19歳の清原和博は「週刊現代」87年3月14日号の田淵幸一との対談でそんな言葉を残している。なにせルーキーイヤーの1986（昭和61）年は打率3割到達に加え、新人最多タイ記録の31本塁打をマーク。さらにオールスター戦でもホームランを放ってMVPに輝き、広島との日本シリーズでは西武の4番を任され、チーム最高打率・355で優秀選手賞を獲得した。PL学園時代に甲子園で歴代最多の13本塁打と高校野球界の伝説になった男は、そのわずか1年後にプロの世界でも変わらず規格外のスーパースターであり続けたわけだ。

2008年10月1日。引退試合での清原和博

『清原和博 怪物伝説』というDVDでキャリアのほぼ全本塁打を確認できるが、今見ても、デビュー直後の選ばれし者の恍惚と不安の中でプレーする背番号3は、誰よりもキラキラしている。当時、自分は埼玉の田舎町に住む小学生で、ちょうどプロ野球に興味を持ち始めた頃だった。何の知識もなく、18歳の新人類がプロの投手から当たり前のようにホームランを打つのをテレビ埼玉のライオンズアワーで見ていたが、それがどれだけ凄いことかあまり理解できていなかった。学校や駅に行けば、西武の試合結果を報じる新聞社の壁貼りニュースがあり、多くの同級生は「巨人は東京の憧れのチーム、西武は地元のチーム」という

感覚だったと思う。夏のプール教室で男子の8割は、ＹＧマークの黒いキャップかレオマークの青い野球帽だ。みんなキヨハラ君が好きだった。ちなみにゴールデンルーキーの入団で、西武の観客動員数は前年の１４０万９０００人から、86年は１６６万２０００人へ大幅アップしている。

少年たちはなぜキヨマーに夢中になったのか？　それは清原が18歳だったからだ。子供にとって30代は恐ろしくおっさんに見えるし、20代でも軽くおじさんだ。でも、清原はまだあどけなさの残る10代だった。自分たちと歳の近い10代だった。大人の世界で戦う〝史上最強の18歳〟は狂おしいほど格好良かった。自分たちの代表みたいな感覚すらあった気がする。

2年目の87年日本シリーズ第6戦。ドラフト会議で指名してもらえなかった王貞治率いる巨人に対し、あとひとりで日本一という場面でファーストを守る20歳は人目もはばからず泣いた。相手チームの中畑清ですら「これでよかったんじゃないか」と思ってしまうほどの美しい涙。清原の魅力は「男気」なんかじゃなく、「共感」だと思う。80年代の彼は最高の野球選手であり、完璧な等身大のアイドルだった。

「いい洋服を着て、いい女のコと知り合って、いい車に乗りたいと思って、プロの世界に入った」

これは年末に日経平均株価が史上最高値の3万8957円44銭を記録した89年の雑誌「Number」215号でのキヨマー語録だ。好景気はピークに達し、西武ライオンズは黄金時代を迎え、清原はプロ4年目のこの年、史上最年少の21歳9カ月で100号本塁打を達成(92年の24歳10カ月で200号本塁打も史上最年少記録)。90年の西武は2位オリックスに12ゲーム差をつけ独走優勝。日本シリーズでも巨人を4連勝で下し圧倒的な強さを見せつけたが、キヨマーはそのど真ん中で4番を打ち、打率・307、37本塁打、94打点、OPS・1・068という堂々たる成績を残す。23歳で最年少1億円プレーヤーとなり、私生活では真っ赤なフェラーリ・テスタロッサを乗り回す狂熱の日々。バットー本で成り上がり、まさにバブル好景気を体現した男。あの頃、背番号3はニッポンの未来そのものだった。そういう選手が巨人ではなく、西武から出現したというのも新しかった。新時代のミスタープロ野球を託され、王の868本超えを期待され、偶然にもヘルメットは野村克也が西武時代に使用していたものを受け継いだ(引退まで色を塗り替え使用)。

だが、そのデビューからの数年の輝きがあまりに強烈で、90年代の清原は自身の過去の幻影との戦いのような雰囲気すらあった。野茂英雄（近鉄）や伊良部秀輝（ロッテ）との対決は〝平成の名勝負〟と言われたが、打撃三部門のタイトルには無縁で、「無冠の帝王」と呼ばれるようになる（ただし最高出塁率を2回、最多勝利打点は1回受賞している）。

そして、96年オフに子供の頃から死にたいくらいに憧れた巨人へＦＡ移籍するわけだが、97年の長嶋巨人は4位に終わり、マスコミからA級戦犯と叩かれ、東京ドームではファンの応援ボイコットもあった。だが、今にして思えば巨人1年目の清原は32本塁打、95打点という好成績を残している。現在のＦＡ移籍なら充分合格点の数字でも、当時の巨人4番は問答無用で優勝請負人を託された。そんな凄まじい期待とプレッシャーの中で、背番号5はあがき続ける。毎年のように怪我に苦しみ、4番の座も松井秀喜に譲り、ドミンゴ・マルティネスというポジションが被る助っ人補強もあった。そんな逆風の中、肉体改造をして臨んだ２００１年にはキャリアハイの１２１打点を挙げ、04年には通算２０００安打を達成するも、気が付けばヒーローの〝キヨマー〟ではなく、強面《こわもて》の〝番長〟と呼ばれていた。

04年オフには構想外からの退団騒動もあったが、部外者の長嶋一茂から通告されたことに怒った清原の球団事務所での直談判もありチーム残留（4年契約はあと1年残っていた）。「泥水をすする覚悟」と決意表明するも、すでに堀内恒夫監督ら首脳陣との関係も修復不可能なほどに悪化。05年4月に通算500号アーチを達成したが、8月4日の広島戦では打順を7番に下げられ、22号アーチを放つもベンチ前でのハイタッチ拒否事件を起こし、これが巨人在籍時の最後の一発となった。この頃、日焼けした坊主頭にダイヤのピアスという風貌が話題だったが、両太もも痛や肉離れにも悩まされ、03年10月には右膝を手術、05年8月には左膝の半月板損傷の手術と、下半身は筋肉で巨大化する肉体を支えきれなくなっていた。

05年秋に巨人から戦力外通告を受けると、キャリア3球団目は仰木彬からの強い誘いもあり、オリックスへ。06年は横浜のクルーンからの「プロ21年間で一番うれしいホームランかもしれない」というサヨナラ逆転満塁ホームランや、古巣・西武戦での野村克也の持つプロ野球記録を塗り替える12本目のサヨナラアーチで21年連続二桁本塁打を達成するが、故障もあり67試合の出場でチームは5位と低迷。結果的にこの年の9月2日ロッテ戦で清水直行から放った、京セラドームのバックスクリーンにぶち当てる豪快な第11号本塁打が現役ラストアーチとなる。

翌07年2月に左膝の軟骨除去手術、7月にも三度《みたび》左膝にメスを入れる。オリックスはテリー・コリンズを監督に迎えるが最下位に沈み、清原はプロ入り以来初めて出場なしに終わった。満身創痍の40歳の肉体。テレビで見るプロ野球がやけに骨身にしみる。リハビリ中に背番号5はフジテレビの『すぽると!』の取材を受け、遠い目でこう語る。

「車でバーッと湾岸線を走って、自分の実家の方、自分のルーツを車で辿ってね。チャリで走った所を自分の夢で摑んだ車で走りながら、この道こんな狭かったかなあと思って。ずうっと桜が咲いてる時期があったの。街の匂いを感じながら、ここチャリで走ったなあ……。うーん、でも、もうちょっと頑張ってみようってな……」

そして、08年に清原和博は現役生活の「最後の1年」を迎えるわけだ。プロ23年目のシーズンは、必死の調整が続き、8月2日午前に緊急記者会見。2年ぶりの一軍昇格と同時に、「来季はグラウンドに立てないと思う。明日からの1打席、1球が自分の野球人生の最後だと思っています」と現役引退を示唆する。翌3日のソフトバンク戦で代打として695日ぶりの一軍の打席に立ち、空振り三振を喫するも本拠地のファンからは大きな拍手が送られた。4日に復帰後初安打をセンター前に放ったが、41歳の誕生日の8月18日に正式に今季限りでの引退を表明。

9月29日、西武ドームで古巣とのラストマッチを迎える。ともに西武黄金時代を支えた渡辺久信監督から花束を手渡され、涙を浮かべる背番号5はオリックスと西武の両チームのナインから胴上げをされた。この時期、オリックスも好調だった。5月に辞任したコリンズ監督はシルク姉さんとのスキャンダル以外に目立った活躍はなかったが、大石大二郎監督代行のもと清原効果もあり、チームは2位に躍進する。

個人成績は打率1割台に本塁打0。スイングを見てもすでに限界を迎えているのに、ファンは背番号5が打席に立つとこれまでのように奇跡を期待してしまう。偉大な選手ほど、全盛期の幻影に苦しめられ、やがてその過去をリスペクトされるようになる。そして、10月1日。プロ通算2338試合目の引退試合に臨む。MLBのシーズンを終えたばかりのイチロー、友人の佐々木主浩や金本知憲、さらに高校時代の中村順司監督、西武時代の打撃コーチ土井正博、なぜか女優の藤原紀香まで。豪華メンバーが京セラドームのスタンドに駆け付け、清原はゲーム前にソフトバンクの王貞治監督から「来世生まれ変わったら必ず同じチームでホームラン競争をしよう。一緒のチームで野球をしよう」と花束を手渡される。ホークスベンチでは、西武時代に〝ＡＫ砲〟を組んだ秋山幸二チーフコーチがその様子を見つめていた。

「４番ＤＨ」で先発出場すると、第３打席で杉内俊哉から右中間を破るタイムリー二塁打。代名詞ともいえる芸術的な右打ちだった。最後のプロ通算９４２８打席目は、高めの直球を空振り三振。ヘルメットを取り、マウンドの杉内に向かって頭を下げる41歳のキヨマー。試合後セレモニーでは、長渕剛が『とんぼ』を生熱唱し、背番号５は最後の挨拶に臨む。

「このユニフォームを着させてくれた……天国の仰木監督、今日はイチローもシーズン終えてすぐ来てくれました。ありがとうございます。（中略）本当に大阪、そしてオリックスのユニフォームを着たことを誇りに思い、今日引退させていただきます。全国のプロ野球ファンの皆さん、23年間、応援どうもありがとうございました！」

　通算１５３０打点は長嶋茂雄の１５２２打点を上回り歴代６位、通算５２５本塁打は落合博満の５１０本を超え歴代５位である。なおサヨナラアーチ12本、サヨナラ安打20本、球宴ＭＶＰ７度、通算１９５５三振、１９６死球はいずれもＮＰＢ歴代１位だ。

「僕はプロ野球で一番三振した選手で、一番死球を当てられた選手ですし、一番サヨナラ本塁打を打った選手です。日本一も8度経験しましたので、それ以上求めたら罰があたります」

引退会見でそう語り、〝無冠の帝王〟清原和博は多くの勲章を手にしてグラウンドを去った。

さて、この年の夏、無観客の神戸スカイマークスタジアムで、一軍昇格を控えた清原の打撃投手を務めた男がいた。ＰＬ学園時代にともに甲子園を沸かせた〝ＫＫコンビ〟の盟友桑田真澄である。

12　清原和博

年度	所属球団	試合	打数	安打	本塁打	打点	盗塁	打率
1986	西武	126	404	123	31	78	6	.304
1987	西武	130	444	115	29	83	11	.259
1988	西武	130	451	129	31	77	5	.286
1989	西武	128	445	126	35	92	7	.283
1990	西武	129	436	134	37	94	11	.307
1991	西武	126	448	121	23	79	3	.270
1992	西武	129	464	134	36	96	5	.289
1993	西武	128	448	120	25	75	3	.268
1994	西武	129	455	127	26	93	5	.279
1995	西武	118	404	99	25	64	2	.245
1996	西武	130	487	125	31	84	0	.257
1997	読売	130	462	115	32	95	0	.249
1998	読売	116	384	103	23	80	1	.268
1999	読売	86	263	62	13	46	0	.236
2000	読売	75	216	64	16	54	0	.296
2001	読売	134	467	139	29	121	0	.298
2002	読売	55	148	47	12	33	0	.318
2003	読売	114	341	99	26	68	0	.290
2004	読売	40	101	23	12	27	0	.228
2005	読売	96	321	68	22	52	0	.212
2006	オリックス	67	203	45	11	36	0	.222
2008	オリックス	22	22	4	0	3	0	.182
	通算	2338	7814	2122	525	1530	59	.272

13. 海を渡った求道者
――桑田真澄（2008年・ピッツバーグパイレーツ）

「清原は豪快な性格だってマスコミの人はいいますが、意外に繊細なところもあるんです。PL時代、その日のゲームに打てないと、深夜一人でバットを振ったりして……」

1986（昭和61）年11月発売の雑誌「Number」159号で、18歳の桑田真澄はライバルの清原和博について、そう語っている。若い野球ファンには信じられないかもしれないが、当時の桑田は球界一のダーティーヒーローだった。85年ドラフト会議で、憧れの王貞治率いるジャイアンツ入りを熱望する超高校級スラッガー清原、甲子園通算20勝も退部届けを出さず早稲田大学進学を表明していたエース桑田。だが、蓋を開けてみたら巨人はなんと桑田を単独1位指名する。6球団が1位入札した清原は、最終的に西武ライオンズが交渉権を獲得。巨人と盟友に裏切られたと思い込んだガラスの十代のキヨマーは、会見場で悔し涙を滲《にじ》ませた。

結果的に、進学を取り止めて巨人入りを決めた桑田は、一夜にして甲子園のヒーローから友を出し抜いた球界のヒール（悪役）になってしまう。プロ1年目は、巨人合宿所の入居時に自室の壁紙をわざわざ張り替え、あえてテレビは置かず、イースタンの試合後はチームの荷物運びより右肘のアイシングを優先させるゴーイングマイウェイぶりが話題となり、6月の阪神戦で初完投初勝利。試合後のインタビューで厳しい内角攻めについて聞かれ、「内角球を投げちゃいかんという法律でもあるんですか」なんて言い放つ強心臓ぶりを見せるも、86年シーズンは2勝1敗、防御率5・14で終える。

高卒ルーキーとしては上々のデビューとも思えるが、なにせライバルの清原が凄すぎた。高卒新人最多の31本塁打を放って新人王を受賞し、西武も日本一に輝く。オフには〝新人類〟の象徴として新語・流行語大賞の表彰式に呼ばれ、年上美女とのデート現場をフライデーされ、紅白歌合戦の審査員もタキシード姿で務めた。プロ野球界というジャンルの枠を超え、当時の清原は日本で最も有名な若者だった。

同じ頃、桑田は米アリゾナの教育リーグに派遣されていた。その最終日にグランドキャニオン観光へ連れて行かれるも、本人はまったく乗り気じゃなく、監督に「いくぞ」とバスに乗せられ、ほとんど不貞腐《ふてくさ》れながら後部座席で揺られていたという。しかし、嫌々ながら見た大渓谷の景色に圧倒され、涙を流しながら己の小ささを思い知る。いわば、世界の広さを知ったのだ。

大自然を前に逆襲を誓った背番号18は帰国後、正月休みを返上して日本球界ではまだ珍しかったウエイトトレーニングを始め、さらに栄養学、心理学、解剖学、運動生理学、メンタルトレーニングに関する本を買い込み独学で勉強した。しかも、プロ入り当初から10年かけて理想のピッチングを完成させたいと、1年目はあえてストレートとカーブだけで投球を組み立てたが、2年目からスライダーを習得し、〝サンダーボール〟と名付けたスプリットにも挑戦する。俺はこのままじゃ終わってしまう……元甲子園

2008年３月、パイレーツの一員としてオープン戦に登板した桑田真澄

のアイドルが抱いた強い危機感と覚悟。友達を作るためにプロ野球選手になったわけじゃない。他人からどう思われようが、俺は俺の道を行く。結果的に86年のオフは、桑田の野球人生にとってターニングポイントになる。

生意気だ、暗いとどんなに叩かれようが俺は野球で結果を残してみせる。174センチの小さな体でボールに向かって何やら呟き、正力オーナーに対しても臆せず寮にクーラーをつけてほしいと直談判する太々《ふてぶて》しさはアイドル・キヨマーとはまた違った魅力があった。周囲の厳しい目にさらされながらも、王巨人がV1を達成した87年は15勝6敗、防御率2・17で最優秀防御率と沢村賞を獲得。桑田は4月1日の早生まれのため（1日でも遅かったら清原の1学年下になっていた）、19歳の沢村賞投手が誕生した。

その球の出どころが分かりにくいしなやかな投球フォームは、アニメ『タッチ』の主人公・上杉達也のモデルになっている。80年代の野球少年にとって背番号18は特別で、あの松坂大輔も少年時代の憧れは桑田だった。平成に突入した89年には年間20完投にリーグ最多の249イニングと投げまくり、キャリアハイの17勝を記録。時は好景気真っ只中、巨人軍の若きスター選手の周りにはカネ目当てに怪しいバブル紳士たちが群がった。野球しか知らない若者はいいカモだったのだろう。やがて桑田も〝投げる不動産屋〟と揶揄されるようになり、週刊誌では数多くの女性スキャンダルが書き立てられ、運動用品メーカーの元社員が書いた暴露本で登板日漏洩や金品授受問題にも巻き込まれてしまう。

この不祥事に当初は1年間の出場停止が検討されるも藤田元司監督が間に入り、開幕から1カ月の謹慎期間で迎えた90年シーズンは、復帰後いきなり2試合連続完封と並外れた精神力の強さを見せつける。親族の財テクの失敗で多額の借金を背負わされるなどお騒がせの一方で、あらゆる最新トレーニング方法やサプリメントを試して野球日記を綴る求道者的な一面もあった。「週刊文春」94年11月17日号の阿川佐和子との対談で「ジャイアンツの中で、仲が良いとか、気が合うのはどなたですか?」と聞かれ、桑田はこう答えている。

「チームには誰もいないです。まだ、心を打ち明けられるような親友は一人もいないです。早く親友欲しいなあと思ってますけどね。目指してるものが違うんです。みんなタバコ吸うから、それが一番のネックなんです」

18番は孤独であり、孤高だった。87年から6年連続二桁勝利、94年には14勝であの中日との同率優勝決定戦〝10・8〟の胴上げ投手となり、自身初のMVPに輝く。野茂英雄が渡米したのは95年春だが、同時期に桑田のもとにもサンフランシスコジャイアンツから身分照会が来るなど、20代中盤の全盛期を迎えていた右腕にメジャー関係者も注目していた。読売新聞東京本社が肩代わりしていた桑田の十数億円の借金も、仮にヤンキースと複数年契約が結べるならそれくらい問題なしという報道が出たくらいだ。

しかし、95年5月24日の阪神戦でファウルフライをキャッチしようとダイビングし、古傷がある右肘を東京ドームの固い人工芝に強打。この試合以降、桑田は長期離脱したイメージが強いが、当初は右肘の関節炎という診断で6月には一軍で2試合に先発登板している。しかし、違和感が消えず夏にアメリカでF・ジョーブ博士の診断を受け、右肘靭帯断裂でトミー・ジョン手術へ……。そして長いリハビリを経て、97年4月6日、東京ドームのマウンドにひざまずき、プレート板に患部をそっと置く18番の姿。野村ヤクルト相手に661日ぶりの一軍復帰登板を勝利で飾ると、お立ち台にはFA移籍後初アーチを放った清原と上がった。

ようやくプロでも揃い踏みしたKKコンビだが、10代のナイフみたいに尖《とが》った沢村賞投手はピアノを弾きワインを嗜《たしな》む大人の男へと変貌していた。選手会長に就任すると、決起集会は恒例の焼き肉ではなく、青山のイタリアン・レストランで開催。若手には自ら声をかけ、捕手の小田幸平は自著『ODA52』（洋泉社）の中で、プロ入り間もない頃、「君、キャッチングがいいね。体は大きいし、構え方もいい。古田さんに似ているよ。これから頑張れよ」と桑田から褒められたことを嬉しそうに回想している。

本業の方では98年に16勝を挙げるも、99年から不振に陥りリリーフに回ることも増え、2000年のONシリーズでは敗戦処理のような役割を与えられる。三本柱でともに一時代を築いた斎藤雅樹や槙原寛己も引退し、これで桑田も終わりか……と思われた02年、34歳の元エースは原辰徳新監督のもとで4年ぶりの二桁勝利と15年ぶりの最優秀防御率（2・22）のタイトルに輝く。ちなみに「代打・桑田」が話題になったこの年は、51打数15安打の打率・294、1本塁打、9打点、OPS・798という二刀流レベルの打撃成績を残した。守っては自身8度目のゴールデングラブ賞にも輝くなど、貪欲に古武術や中国拳法までトレーニングに取り入れての復活劇だった。

だが、翌年以降は再び低迷。05年は0勝7敗、防御率7・25で未勝利に終わり、ついに06年の巨人ラストイヤーを迎えるわけだ。4月13日の広島戦で600日ぶりの勝利投手となり通算173勝目を挙げるも、同29日に右足首捻挫で登録抹消。その後は一軍から声が掛かることはなく事実上の構想外だったが、38歳の野球の求道者は9月23日、球団公式ページ内の自身のコーナーで「お別れ」と題した声明文をアップする。

「このページも、2000年から続けてきたけれど、今年でお別れになると思うし、何より、明日、ジャイアンツのユニホームでマウンドに立つのは、おそらく最後になるだろう。21年間、大きく育てていただいた、ジャイアンツに心より感謝している。明日は短いイニングだけど、友への感謝の気持ちを胸に投げたいと思う」

この突然の行動に原監督も「俺は信じられない。嘘だと思うよ」と言って絶句。斎藤雅樹投手コーチも「本当に巨人にお世話になったというなら筋を通してほしかった」と苦言を呈した。迎えた24日のイースタン・リーグ湘南戦、午後1時開始の試合に午前4時半から行列ができる。ジャイアンツ球場最多の3495人の大観衆を集め、客席のいたるところで18番ユニフォームや東京ドームのライトスタンドと同じ横断幕が掲げられる中で桑田は先発マウンドへ上がった。2回に1点を失い、最速140キロと往年のキレとスピードはないが、3回から6回まではパーフェクト投球。右手中指のマメが破れて7回に4点取られたが、盛大な拍手と「桑田コール」が鳴り止むことはなかった。試合後は球場に入りきれなかった約2000人のファン一人一人との臨時握手会を開催、

21年間の感謝を示した。

そして、11月のファン感謝デーでＹＧマークに別れを告げ、桑田は海を渡るのである。ピッツバーグパイレーツとマイナー契約。07年3月のオープン戦でベースカバーに入った際に球審と激突するアクシデントに見舞われ右足首靱帯断裂を負うもマイナーで調整を続け、6月9日にメジャー昇格。インディアナポリスからヤンキース戦のあるニューヨークへ移動すると、マイナーでは52番や25番だった背番号は、慣れ親しんだ18番が与えられた。

6月10日、ヤンキースタジアムで6対8とリードされた5回裏に3番手として登板。その回は三者凡退に抑えるも、6回にアレックス・ロドリゲスに2ランを浴び、巨人の後輩・松井秀喜との対戦は四球に終わる。39歳のオールドルーキーは、6月21日にはマリナーズのイチローと対戦すると、113キロのカーブで三振を奪う。8月14日に戦力外通告を受けるが、19試合で0勝1敗、防御率9・43という成績だった。

08年の年が明け再度パイレーツとマイナー契約を結び、オープン戦では好投するも、40歳を目前にした投手に対して現実は厳しかった。自著『心の野球』（幻冬舎）によると、ニール・ハンティントンGMから呼び出され、「正直、右足首を手術したと聞いていたから、ここまでやってくれるとは思っていなかった。でも、若手に譲ってあげてほしい。マイナーで結果を残しても、メジャーに上がる可能性はないんだ」と事実上の戦力外を告げられ、その瞬間、よくやったな、もういいよ……と頭の中でふと声が聞こえたという。08年3月26日、ついに現役引退を公表。桑田真澄の「最後の1年」は今度こそ終わりを告げたのである。

投げて、守って、打つ。そのすべてに真摯《しんし》に取り組み、高いレベルでやり続けた野球の申し子。そう、桑田真澄の魅力はガチンコである。野球も、人間関係も、時にスキャンダルさえも生々しくリアルだった。投手チーフコーチ補佐として15年ぶりの巨人電撃復帰のドラマ性もそうだ。心の野球、とどのつまり感情を、己の生き様を乗せた野球は、多くのファンの心に響いた。白球とバットに人生そのものを懸ける。今思えば、桑田と清原和博の野球観は真逆のベクトルかと思いきや、実は驚くほど似ていたのである。

さて、この桑田より10年以上前にロサンゼルスのジョーブ博士を訪ね、右肘にメスを入れた男がいた。〝昭和生まれの明治男〟ことロッテの村田兆治である。

13　桑田真澄

年度	所属球団	登板	勝利	敗北	セーブ	投球回	奪三振	防御率
1986	読売	15	2	1	0	61.1	57	5.14
1987	読売	28	15	6	0	207.2	151	**2.17**
1988	読売	27	10	11	0	198.1	139	3.40
1989	読売	30	17	9	0	249	155	2.60
1990	読売	23	14	7	0	186.1	115	2.51
1991	読売	28	16	8	1	227.2	175	3.16
1992	読売	29	10	14	0	210.1	152	4.41
1993	読売	26	8	15	0	178	158	3.99
1994	読売	28	14	11	1	207.1	**185**	2.52
1995	読売	9	3	3	0	65.1	61	2.48
1997	読売	26	10	7	0	141	104	3.77
1998	読売	27	16	5	0	181	116	4.08
1999	読売	32	8	9	5	141.2	100	4.07
2000	読売	30	5	8	5	86	49	4.50
2001	読売	16	4	5	2	50.1	31	4.83
2002	読売	23	12	6	0	158.1	108	**2.22**
2003	読売	14	5	3	0	71.1	46	5.93
2004	読売	16	3	5	0	79.1	39	6.47
2005	読売	12	0	7	0	49.2	34	7.25
2006	読売	3	1	1	0	11.2	5	6.94
	通算	442	173	141	14	2761.2	1980	3.55

14．エースの美学
——村田兆治（1990年・ロッテオリオンズ）

「化石かと思ったら、あいつ、まだ生きとった！」

1990（平成2）年開幕戦でロッテの金田正一監督が、完投勝利を挙げた村田兆治を評してこんなカネヤン節を残している。自身13度目の開幕投手を務めた村田は当時40歳で、その年が現役ラストイヤーだった。

村田兆治は福山電波工業高時代から剛速球投手で鳴らし、地元の広島カープ入りを熱望するが、67年ドラフトで東京オリオンズ（現・千葉ロッテマリーンズ）から1位指名を受ける。2年目に6勝（5完封）を挙げるも好不調の波が激しく、加えて制球力不足に悩み試行錯誤の末に辿り着いたのが、代名詞となる「マサカリ投法」である。足腰で充分なタメを作るため右肩を落とし、右足を〝くの字〟にして支え、左足を高く上げる投球フォームに当初はブルペンで先輩投手からも「不細工だ」なんて笑われてしまう。だが、豪快な新フォームの原型を摑んだプロ4年目の71年に初の二桁となる12勝を記録。74年には金田正一監督のもと日本一の胴上げ投手となり、シリーズMVPを受賞した。伝家の宝刀フォークボールは、相手チームの米田哲也（阪急）を参考に習得したものだが、その訓練の道のりは壮絶だ。

水をたっぷり入れた一升瓶や2キロの鉄アレイを指に挟んで持ち上げるなんて序の口で、車のハンドルやドアの取っ手なども人さし指と中指の外側の腱で握った。ひと休みで水を飲むコップさえも2本指で挟む徹底ぶり。いやそれ全然休憩になってないんじゃ……と突っ込む暇もなく、さらに眠る時間がもったいないと、寝ている時も指の間にテニスボールを挟んでテープで固定。まさに狂気のマサカリ。

1990年10月、現役最後の勝利となるシーズン10勝目を挙げた村田兆治

「しびれと痛みで夜中に何度となく目が覚めてしまった」なんて今の若手投手からしたら拷問のような特訓を自らに課した。

文字通り血の滲むような努力を重ね、75年には防御率2・20で最優秀防御率と13セーブで最多セーブに輝き、76年は21勝を挙げ202奪三振、防御率1・82で両タイトルを獲得。150キロの剛速球と落差30センチのフォークボールに磨きをかけ、プロ14年目の81年には19勝で自身初の最多勝に加え、4度目の最多奪三振と名実ともにロッテのエースとなる。同世代の山田久志（阪急）や東尾修（西武）といったパ・リーグの大エースたちを強烈にライバル視して、彼らと試合前に顔を合わせた時に次回の登板予定を聞き出し、自軍の監督やコーチに直接対決できるようローテーションを組んでもらったという。ホームランか三振か、門田博光（南海）との火の出るような力と力の真っ向勝負は、あの頃のパ・リーグの象徴だった。

だが、〝人気のセ、実力のパ〟と言われた時代、村田も自著『還暦力』（朝日新聞出版）の中で当時の球界事情をこう書く。「ジャイアンツが超一流企業で、阪神タイガースなど他の人気球団が一流企業。私が入団した当時の東京オリオンズなどは、中小企業、いやもっと言うと下請け企業のような感じだった」と。空席の目立つ客席に寂しさがないと言ったら嘘になる。しかし、目の前の仕事を観客が少ないからと言って手を抜くようなことは絶対したくなかった。有名とか有名でないとかではない。本物か本物でないか。マサカリ兆治には、オレは本物だという強烈な自負があった。

まるでサムライのような真っ直ぐさが誤解を生み、時に球団とぶつかってトレード騒動に発展することもあったが、一方で球界の慣習に縛られず新しいものを積極的に試す柔軟さも持ち合わせていた。ちなみに今では当たり前の肘のアイシング用品も、ベンチで氷の浮いたバケツに肘を突っ込んでいる村田の姿を見たスポーツメーカーの社員が、保冷剤を入れたパックを作ってくれたのが投手用の第1号である。

そんな不屈の男も32歳の春に野球生命を脅かす大きな故障に見舞われる。82年5月17日に右肘を痛めてしまい、当初は原因が分からず、日本中の病院を訪ね、山にこもり座禅を組みながら滝に打たれたこともあった。ようやく靭帯損傷と判明すると、翌83年8月22日にロサンゼルスのF・ジョーブ博士のもとで靭帯再建手術。当時の常識では利き腕にメスを入れたら終わりと囁かれる中、村田は不屈の精神でリハビリを続け、見事カムバックを果たす。投げられない欲求不満を異常な量のランニングとダッシュにぶつけ、外野フェンス沿いを「我慢、忍耐、辛抱、根気」と呟きながら走り、驚いて振り返る若手投手には「ただ今、我慢中だ！」と大声でシャウトする。

かなりぶっ飛んだ先輩だが、85年4月14日の西武戦で1073日ぶりに先発して勝利投手に。手術明けにもかかわらず155球の完投勝利というムチャクチャさもまた村田らしい（ジョーブ博士からは、100球以上投げることを禁じられていた）。そこから、中6日で毎週日曜に先発登板の〝サンデー兆治〟として復活すると、開幕11連勝を記録。35歳の不死鳥とメディアで人気となり、その年は17勝を挙げ、見事カムバック賞を受賞した。閑古鳥が鳴くボロボロの川崎球場を本拠地とする80年代、ロッテと言えば村田と三冠王・落合博満という時代があった。

ファミコンソフト『燃えろ!!プロ野球』シリーズはマサカリ投法のリアルな再現度の高さが売りのひとつだったし、『ファミリースタジアム』の連合チーム「フーズフーズ」のエースむらたのフォークボールの落ち方は、ファミスタ内ぶっちぎりトップのエグさで、このゲームをきっかけに村田兆治の凄さを知った若いファンも多い。なお村田が持つ日本記録の148個の暴投はほとんどがフォークのワンバウンドで、背番号29もそれを恥じることはなかった。

元号が平成に変わった89年には自身12度目の開幕投手を務め、西武相手に149球の完封勝利。5月13日の日本ハム戦で通算200勝を達成する（この舞台となった山形県野球場には「ロッテオリオンズ村田兆治投手 200勝達成記念 山形県中山町」という記念レリーフが設置されている）。さらにオールスター戦では39歳8カ月の史上最年長の勝利投手となってMVPに輝き、防御率2・50で13年ぶり自身3度目の最優秀防御率を受賞した。平成でもマサカリ兆治ここにあり。まだまだ現役バリバリと思いきや、村田はコーチ兼任で迎えた翌90年に「最後の1年」を迎えることになる。

とは言っても、〝ブルーサンダー打線〟と恐れられたオリックスとの開幕戦に40歳4カ月で先発すると、9回2安打1失点の完投勝利。40代開幕投手の勝利は49年の若林忠志以来41年ぶりの快挙で、プロ23年目のシーズンを最高の形でスタートさせる。だが、この年のロッテは4月こそ2位スタートを切るも、5月以降は失速。投手事情も厳しく、5月20日の近鉄戦では同点で迎えた9回一死三塁の場面で背番号29がリリーフ登板する。恩師のカネヤンが仕掛けたまさかの40歳の緊急抑えプランに、村田は「やりたいことだけじゃなく、仕事としてやらねばならないこともある」と了承した。

再び先発に戻った7月3日の日本ハム戦、5対3で自チームがリードする8回裏一死の場面で、自ら三塁側ベンチにゆっくり手を上げ交代を促す。試合後には「自分で責任を持ってピッチングしている。それが結果に結びつかなければ引退ぐらいの気持ちでやってるんだ」と村田は静かに語った。その約2週間後の7月19日ダイエー戦では、完封ペースも6回表に突然乱れて同点にされると、ここでも一塁側の首脳陣に向かって小さくバツ印を作り降板。あれだけ投げることにこだわった男が自らマウンドを降りて、ベンチから呆然とグラウンドを見つめた。鬼のマサカリ兆治らしからぬ行動である。それでも最速149キロを記録した8月24日の西武戦では、史上27人目となる通算600試合登板を4安打10奪三振の完封勝利で飾るが、直後に「最後の一花を咲かせられた」と意味深なコメントを残す。

すでに7月に村田は引退を決意していたのだ。そして、9月30日のラスト登板が雨で流れ、仕切り直しの10月13日の西武戦、本拠地・川崎球場でまたも雨が降る中、最後のマウンドへ。捕手は同じくこの年限りで引退する袴田英利が務め、前売指定券はすべて売切れた。長蛇の列が歩道にあふれないよう、12時半の開門予定が1時間半も早められる。2万2000人の観客が見守る中、初回から直球で押しまくるマサカリ投法に衰えは微塵も感じられない。最速145キロのストレート、フォークボールやスライダーはキレまくり、秋山幸二から三振を奪い、清原和博も無安打に封じ込めた。終わってみれば、西武打線を5回無失点に抑え、雨天コールドゲームで勝ち投手に。83球の完封で通算215勝目を挙げ、「人生の喜びも悲しみも、すべてこのマウンドの上にありました。絶望も挫折もありました」と挨拶した昭和生まれの明治男は涙をぬぐい、ロッテナインから胴上げで送り出された。

最後の1年は26試合で10勝8敗2S、防御率4・51。41年ぶりの40代二桁勝利を達成する一方で、シーズン最多暴投記録を更新する17個で自身12度目の暴投王に。最後まで己の投球を貫いた。しかし、誰がどう見てもまだ充分投げられたはずだが、なぜ村田はユニフォームを脱いだのだろうか？

自著『哀愁のストレート』（青春出版社）の中で、「まだやれるのに、と多くの人にいわれたが、まだやれるの『やれる』のイメージがどこにあるかだ。そういうギリギリの線で引退を決意したのが40歳のときだった」と記しており、引退直後に出版された『剛球直言』（小学館）では、はっきりと「余力を残してマウンドを去ることがエースの美学だ」と本心を告白している。

「先発完投をしてこそ、プロフェッショナルと呼ばれ、エースと尊称されるにふさわしい。だから、その期待に応えられなくなれば、いさぎよくユニフォームを脱がねばならないと考える。わずか、数イニングスの闘いだけで終えるリリーフ役に転じるのは、私の美意識にそぐわない。〝マサカリ兆治〟のイメージを崩さずに引退することが、私のダンディズムの極致なのである」

オレは最後の最後まですごい投手という印象のまま消える。村田兆治は二番手や三番手として延命するのではなく、ロッテのエースのままプロ生活に別れを告げたのである。

さて、引退後は50歳を超えてもマスターズリーグで度々140キロ近い剛速球を披露した村田だったが、そのバックを守り同じ東京ドリームスで4番を打っていたのが、FAで巨人を自ら去った男、駒田徳広である。

14　村田兆治

年度	所属球団	登板	勝利	敗北	セーブ	投球回	奪三振	防御率
1968	東京	3	0	1		7	5	3.86
1969	ロッテ	37	6	8		146.1	90	3.58
1970	ロッテ	21	5	6		79	48	4.78
1971	ロッテ	43	12	8		194.1	122	3.34
1972	ロッテ	16	3	3		46	30	6.46
1973	ロッテ	40	8	11		157	104	3.21
1974	ロッテ	32	12	10	1	180.2	108	2.69
1975	ロッテ	39	9	12	**13**	191.2	120	**2.20**
1976	ロッテ	46	21	11	4	257.1	**202**	**1.82**
1977	ロッテ	47	17	14	6	235	**180**	2.68
1978	ロッテ	37	14	13	3	223.1	174	2.91
1979	ロッテ	37	17	12	2	255	**230**	2.96
1980	ロッテ	27	9	9	2	178	135	3.89
1981	ロッテ	32	**19**	8	0	230.2	**154**	2.96
1982	ロッテ	6	4	1	0	40.1	27	2.93
1984	ロッテ	5	0	1	0	9	3	6.00
1985	ロッテ	24	17	5	0	173.2	93	4.30
1986	ロッテ	23	8	11	0	155.1	106	3.94
1987	ロッテ	21	7	9	0	130.2	74	4.34
1988	ロッテ	20	10	7	0	145.2	120	3.89
1989	ロッテ	22	7	9	0	179.2	135	**2.50**
1990	ロッテ	26	10	8	2	115.2	103	4.51
	通算	604	215	177	33	3331.1	2363	3.24

15．20年目の2000安打
――駒田徳広（2000年・横浜ベイスターズ）

「こんな会社、辞めてやる！」

かつて新日本プロレスの藤波辰巳は自身の試合を乱入でぶち壊され、雪の札幌を黒タイツ一丁でさまよいながらそう怒りに打ち震えた。でも、藤波は辞めなかった。いや辞められなかった。ほとんどのサラリーマンだって、終電間際に同僚とヤケ酒をかっ食らいながら会社や上司の悪口を言ったところで、翌朝には何事もなかったかのように満員電車に揺られている。年を重ね、30も過ぎたら、組織を飛び出すのは難しい。それが大きければ大きいほど、自分が会社に縛られ、同時に守られていることを嫌というほど知っているからだ。だが、31歳の駒田徳広は自ら辞めた。読売巨人軍という大企業を――。

「負けるってことは考えられませんでしたから。シーズン始めに立てる予算も、必ず巨人が勝つものとして日本シリーズは組み込んでいましたよね」

ＤＶＤマガジン『プロ野球黄金時代Ｖｏｌ．８ 昭和球場物語』（ベースボール・マガジン社）収録の後楽園球場編で、元球場支配人の吉井滋は「すげぇ強かったからね」とジャイアンツのＶ９時代やその後の歴代名シーンを嬉しそうに振り返っている。

１９７４（昭和49）年10月14日、長嶋茂雄の引退セレモニー。77年９月３日、王貞治７５６号アーチの世界新記録達成。79年４月17日、ロッテとの二軍戦に怪物・江川卓が登板して異例の４万人近い大観衆が集結。81年４月４日、開幕戦にゴールデンルーキー原辰徳が「６番二塁」でプロデビュー。そんな昭和の後楽園名場面にあの衝撃的なホームランも加えられるだろう。

2000年９月、現役最終年に2000安打を達成した駒田徳広

83年４月10日、大洋戦においてプロ初打席満塁本塁打というド派手な一発を放ったのが、当時３年目の20歳・駒

田徳広である。一塁レギュラーの中畑清が試合前練習で故障すると、その代役で先発出場した背番号50は初回の初打席、緊張でガクガクと膝が震えたが、一死満塁のチャンスで右中間スタンドへいきなり豪快な一発。この年の駒田は12本塁打を放ち、満塁では12打数7安打の打率・583と〝満塁男〟キャラが一躍有名に。同年に12勝を挙げ新人王に輝いた背番号54の槙原寛己、3打席連続アーチを記録した背番号55の吉村禎章とともにヤングジャイアンツの〝50番トリオ〟として、富士フイルムのCM出演を飾るほどの人気となる。

その身長191センチの左の大砲には王貞治監督も大きな期待をかけ、自身の打撃の師匠でもある荒川博の元へ通わせたほどだった。荒川道場で一本足打法に挑戦する〝王二世〟と周囲は騒ぎ立てるが、「自分の本来のスタイルに合っていない」と途中脱落。マイペースな私生活とは裏腹に野球では意外に神経質な面もあったジャンボ駒田は、プレッシャーに苦しみ打撃にも悩んで、20代前半の数年間は一軍でもほぼ代打要員とスランプに陥ってしまう。満塁弾デビューとその巨体からパワーヒッターと思われがちだが、実際の打撃スタイルは巧みなバットコントロールで率を稼ぐ勝負強い中距離ヒッター（キャリア20年間で20本塁打超えは二度）だった。

ようやく復活の兆しが見えたのは王巨人が初優勝した87年、バットの長さを34・5インチから33・5インチの短いものに変えると、インコースにも食い込まれず対応できるようになった。「一番大事なのはバットのヘッドはなぜ重いのか考えることだ。体全体を使ってその重さを利用して、遠心力で強く打つか、もしくは遠くへ飛ばすためじゃないか」という松原誠打撃コーチの指導方針も合い、後楽園球場ラストイヤーに駒田は打率・287、15本塁打で外野の一角を奪取。「顔はかわいいコマダ〜」ってなんだかよく分からないけどインパクトは凄い応援歌が、少年たちの草野球で流行る謎のブームもあった。

東京ドームが開場し、背番号10に変わった翌88年には、一塁と外野を掛け持ちしながら自身初の規定打席到達で打率・307と巨人の主力打者へと定着していく。一方で中堅起用された9月20日の中日戦で守りのミスを連発して途中交代させられた駒田は、それを不服としてベンチの壁をバットで叩くなど派手に暴れて、王監督から「帰れ！」と一喝され、宿舎に戻る騒動を起こしている。

食べたいときに食べて寝たいときに寝て、遊びたいときに遊ぶ。かと思えば、グラウンドではセンシティブかつ激情家の打撃職人。同期入団の80年ドラフト1位原辰徳がいかにも巨人らしい選手ならば、2位の駒田は良くも悪くも巨人らしくない選手だった。組織の中では、その異端の個性が危うく、同時に大舞台では頼もしくも見えた。近鉄と戦った89年日本シリーズでは、当時の新記録となる7試合で打率・522（23打数12安打、7戦連続安打を放つ）と平成最初のシリーズMVPに輝く大活躍。藤田巨人の3連敗から4連勝の大逆転日本一の立役者になった。

なお、巨人打線を抑え、「とりあえずフォアボールさえ出さなかったら打たれる気しなかったんで。たいしたことなかったです。もちろんシーズンの方がよっぽどしんどかったですからね。相手も強いし」なんてお立ち台でディスった因縁の相手・加藤哲郎から、第7戦にリベンジ本塁打を放った駒田はベースを回りながらマウンドに向かって「バーカ！」と言い放ってみせた。今なら大炎上しそうな感情剥き出しのやり取りである。

第52代4番打者も経験し、恐怖の7番打者から90年代はクリーンナップの一角を担った。91年は自己最高の打率・314、92年は打率・307、27本塁打で1億円プレーヤーの仲間入り。長身を生かした一塁守備も評価が高く、89年から3年連続でゴールデングラブ賞を獲得している。しかし、だ。長嶋監督が復帰した93年、新打撃コーチ中畑清との不仲が度々メディアを騒がすことになる。開幕前にはオープン戦出場を直訴して衝突。自分には長年の調整法がある。なぜ今さらそれを変えなければならないのか。なぜ後輩の前で怒鳴られなければならないのか……。シーズン中にも送りバントのサインに対して不満を口にする背番号10は、5月22日にはスタメンを外され、89年から続いていた連続試合出場も450でストップしてしまう。

「一生忘れない。悔しいよ」と怒る駒田に、「このままではオフには取り返しがつかないことになる」とマスコミを通して無気力プレーを批判する中畑コーチ。解説者時代は、後輩に「オマエのキャラクターは使えるよ。競馬のCMに出れば全面的にそのまま使えるじゃない」（「週刊ベースボール」90年6月25日号）なんて無神経かつフランクに接していた絶好調男キヨシも、元同僚から上司と部下に変わった距離感に戸惑い空回り。31歳の主力選手と元生え抜きスターの39歳新米コーチの衝突は恰好のマスコミネタとなり、広島遠征から戻った駒田は駅の売店のスポーツ新聞で、「駒田トレード」の見出しを見つけて愕然としたという。

行き先はオリックスか、横浜かと過熱する放出話。しかも、この93年オフから導入されるFA制度で中日の落合博満が巨人へ移籍するのは決定的と見られていた。そうなると、一塁のポジションが被る自分の居場所がなくなってしまう。打率・249でシーズンを終えた駒田は、長嶋監督の考えを確認しようと再三面会を求めたが叶わず、10月末に短い二度の電話があったのみ。ついに練習中に外野をランニングする指揮官の元に向かい、自身の来季起用法について直談判。するとミスターは「日本シリーズというビッグイベント前にそういう話はするもんじゃない。新聞記者にお前と一緒の写真を撮られたら困るから向こうへ行ってくれ」（「オール讀物」2000年4月号）と困惑しながら離れて行ったという。

こうして、チーム内でも孤立した満塁男は、子供の頃からファンだった巨人を自ら去ることを決意するのである。「ボクはもっと中畑コーチと話をしたかったけど、お互いに素直に言うことを聞けなくなっていて、段々と気力も失せていったわけです」（「週刊ポスト」93年11月26日号）、「個人的に長嶋監督は好きかって？　好きとか嫌いとか言える段階まで人間付き合いさせてもらってないもの。みんなそうだったんじゃない？　それではチームとしてうまく機能しないですよ」（「週刊現代」94年1月1・8日号）なんて各週刊誌で不満をぶちまけ、古巣と完全に決別した。

藤田巨人時代のヘッドコーチ、近藤昭仁が監督を務める横浜ベイスターズへFA移籍後は、正一塁手とクリーンナップを託された。時に横浜スタジアムで野次を飛ばすファンに「野球っていうのはな、野次るためにやってるんじゃねえんだよ！」なんて激怒しながらも、持ち前の勝負強さとタフさで若いチームを牽引。毎年150本前後の安打をコンスタントにマークし、「3番鈴木尚典、4番ロバート・ローズ、5番駒田」の強力クリーンナップを組んだ97年は、135試合で打率・308、12本塁打、キャリア最多の86打点を記録。そのオフの契約更改では複数年契約を求めるも叶わず、心機一転キャプテンに就任した98年には、マシンガン打線の一員として横浜38年ぶりの優勝に貢献した。

移籍5年目、36歳で勝ち取った〝打倒巨人〟と日本一。98年には自身初めてのベストナインにも選ばれ、93年から99年までは一塁手部門で7年連続ゴールデングラブ賞に輝くなど、駒田はリーグを代表する一塁手となった。マシンガン打線がプロ野球新記録のチーム打率・294（投手を除くと・303）と打ちまくった99年も背番号10は151安打を放ち、2000年にはついに通算2000安打へ……と思いきや、唐突に駒田は「最後の1年」を迎えることになる。

開幕から「5番一塁」で出場を続けたが、なかなか打撃の状態が上向かず、6月18日の横浜スタジアムで事件が起きる。広島と同点で迎えた6回裏二死一、二塁。勝ち越しのチャンスで駒田が打席へ向かおうとすると、ベンチから出てきた権藤博監督に呼び止められ「代打・中根」がコールされる。

すると「なんでやっ！」と激怒した背番号10は、バットとヘルメットを監督の前で投げ捨て、ロッカーへ一直線。怒りで野球道具をまき散らしながら「もう、どうでもいい。二軍でも何でも行ってやる！」と絶叫。20分後に私服に着替えロッカーから出てきた駒田は、「レギュラーで代打を出された記念すべき第1号でしょう。ウチの代打はほとんど、投手だから」とか、お手上げのポーズをしながら「(権藤監督からは)何を？　これまでだって声も聞いたことない」なんて吐き捨てて帰宅してしまう。

2000安打まであと30本と迫ったチーム最年長選手の造反事件を重く見て、球団は一夜明け罰金30万円と二軍降格を通告。駒田は球団事務所で会見を開き謝罪後、ハマスタで練習中の権藤監督のもとに出向き頭を下げた。6月26日には湘南シーレックスのユニフォームを着て、14年ぶりの二軍戦となるイースタン・リーグのロッテ戦に「4番一塁」で先発出場している。

この事件には両者に言い分があるだろう。ベンチからしたら、背番号10の打率は2割台前半で、その日も問題の打席までミンチーに2三振を喫していた。同時に駒田の怒りにも伏線はあり、前年151安打に打率・291という成績を残しながらも契約更改では4500万円の大減俸を提示されていた。自身のFA移籍時に大洋時代からの生え抜きベテラン選手が大量解雇され、資金確保のためかと物議を醸したが、今度は自分がベテランとなり、リストラ寸前の扱いを受けてしまったわけだ。

オールスター前の7月中旬には一軍復帰するも、8月12日には再び権藤監督から「心身ともに弱ってる」と二軍降格を告げられる。紆余曲折ありながら9月6日の中日戦（ナゴヤドーム）で史上29人目の通算2000安打を放つ。プロ20年目、出場2055試合目での偉業達成だった。その約2週間後に世代交代のため戦力外通告を受け、10月10日の本拠地での最終戦に「4番一塁」でお別れのスタメン出場。2000本が達成できたから終わりなんて悔しいと現役続行を模索したが、獲得する球団は現れず、そのまま現役引退へ。歴代5位タイの13本の満塁アーチを記録した繊細さと豪胆さを併せ持つ満塁男は、38歳でユニフォームを脱いだ。

駒田の横浜移籍後、巨人は大型補強時代へと突入して落合博満、広沢克己、清原和博、石井浩郎、マルティネスら一塁手を立て続けに獲得。駒田自身も言うように、巨人に残っていたら出場機会に恵まれず、2000安打は難しかったかもしれない。なお長嶋監督も空中分解した93年のチーム環境には思うところがあったようで、翌年から選手側に自ら歩み寄るようになったという。引退後、駒田は「中畑さんに対して、僕は大人の対応というものがまったくできていなかった。その辺はいまでも大いに反省しているんです」（『プロ野球「トレード&FA」大全』［洋泉社］）と振り返れば、中畑も青年コーチ時代について「本当は駒田に対する期待感は一番高かった」と前置きした上で、「話をすればするほどこじれるような感じになっていったので、もうミスターに苦労をかけるような形になっちゃった。選手には悪いことしたなと思ってるよ。技量がまだ俺たち（コーチ陣）にはなかった。特に俺になかったな」（YouTube「デーブ大久保チャンネル」）と、冷静に自分の青さを認めている。

あれから長い時間が経ったが、「巨人からFA宣言をして国内他球団へ移籍した生え抜き選手」は、いまだに駒田徳広ただひとりである。

さて、そんな駒田とは対照的に、巨人から出されるくらいなら辞めるとトレードを拒否して28歳の若さで引退を選んだ選手もいる。85年の定岡正二である。

15　駒田徳広

年度	所属球団	試合	打数	安打	本塁打	打点	盗塁	打率
1983	読売	86	182	52	12	47	2	286
1984	読売	79	84	20	2	11	1	.238
1985	読売	92	151	38	3	20	1	.252
1986	読売	64	101	26	3	18	1	.257
1987	読売	113	331	95	15	40	1	.287
1988	読売	116	365	112	11	40	0	.307
1989	読売	126	413	125	11	56	10	.303
1990	読売	130	470	135	22	83	7	.287
1991	読売	130	510	160	19	66	5	.314
1992	読売	130	505	155	27	64	1	.307
1993	読売	122	437	109	7	39	1	.249
1994	横浜	130	525	149	13	68	0	.284
1995	横浜	130	499	144	6	66	0	.289
1996	横浜	130	485	145	10	63	1	.299
1997	横浜	135	507	156	12	86	2	.308
1998	横浜	136	551	155	9	81	0	.281
1999	横浜	129	519	151	9	71	0	.291
2000	横浜	85	306	79	4	34	2	.258
	通算	2063	6941	2006	195	953	35	.289

16. トレード拒否して即引退
——定岡正二（1985年・読売ジャイアンツ）

「サダオカ、初めてか？　洋服着るの？」

天下の長嶋茂雄からなんだかよく分からない質問をされたのは、18歳の定岡正二である。1975（昭和50）年、前年現役を退いて巨人監督に就任したばかりのミスターと、まだあどけなさの残るルーキーが、キャンプ地宮崎の大淀川の土手に座りながら対談した。「嬉しいか？　洋服着て？」なんて聞かれて戸惑う定岡は、球界を通り越して、当時の日本でトップクラスの人気を誇るスーパーアイドルだった。

鹿児島実業高時代の甲子園では、エースとして2試合連続完封。さらに2学年下の原辰徳を擁する東海大相模高との準々決勝では延長15回で213球を投げ抜いて死闘を制し、その甘いマスクで大人気に。アイドル雑誌で郷ひろみや西城秀樹らと並んで掲載される野球選手。74年秋、V9が終わり38歳の長嶋茂雄が指揮を執る巨人からドラフト1位指名されたことにより、サダ坊人気はピークを迎えることになる。

多摩川グラウンドの練習にはなんと2万人のファンが集まり、〝多摩川ギャル〟たちが背番号20の一挙手一投足に注目する。二軍戦にも、平日のデーゲームにもかかわらず異例の1万5000人の観客がつめかけた。しかし、鹿児島から出てきた18歳には酷な環境だった。チームバスに乗るのにも定岡の周りにはファンが殺到してなかなか進めず、結果的に車内の先輩たちを待たせることになる。一緒に外出すれば自分が騒がれて迷惑をかけてしまう。数少ない息抜きは、都心から離れたよみうりランド近くのジャイアンツ寮周辺の焼鳥屋へ行ったり、中華料理屋でしょうが焼きを食べたりすること。いつの時代も国民的アイドルは孤独なのである。

1985年４月の定岡正二。このシーズンオフに28歳で引退

しかし、イースタンでは好投しても

一軍ではなかなかチャンスを摑めない。1つ年上の怪物・江川卓が入団してすぐローテーションの中心に定着したのとは対照的に、プロ3年目に一軍デビューを果たすも5年目まで未勝利。その秋に行われた伝説の伊東キャンプにも腰痛で不参加という間の悪さはマスコミの恰好のネタになったが、崖っぷちの6年目にようやくプロ初勝利を記録。その第一次長嶋政権ラストイヤーの80年シーズンに9勝を挙げローテに定着すると、翌81年は阪神戦で初回先頭打者に二塁打を許しただけの準完全試合となる1安打完封勝利も達成し、初の二桁となる11勝でチーム8年ぶりの日本一に貢献する。

実力が人気に追いついたと評された翌82年は15勝6敗、防御率3・29。10完投3完封とキャリアハイの成績を残した。持ち球は直球、カーブ、スライダーのオーソドックスな右腕は広島戦に滅法強く、81年は11勝中6勝、82年は15勝中7勝を稼ぐカープキラーとしても知られていた。サーフィンが好きで、映画『ビッグ・ウェンズデー』がお気に入り。音楽はアル・ジャロウやマンハッタン・トランスファーを好んで聴き、宮崎キャンプ中は宿舎近くのジャズ喫茶に通う一面も。一時は〝第三のエース〟と称されたが、83年以降は腰痛や慢性の右肘痛を抱え、徐々に先発兼ロングリリーフの便利屋的な立ち位置へ。元甲子園のアイドルも20代後半を迎え、やがて現実の中で生きる術《すべ》を見つけていく。そして、唐突に28歳のシーズンに「最後の1年」を迎えるわけだ。

猛虎打線の阪神が球団創設以来初の日本一に輝いた85年。王巨人は吉村禎章があのバースと最高出塁率のタイトルを争い、投手陣は20歳の斎藤雅樹が12勝、ルーキー宮本和知が38試合に登板とヤングジャイアンツの台頭もあり、チームは夏場まで優勝争いを繰り広げるも、9月以降は急激に失速して3位。定岡は春先から中継ぎ起用されるが、「シンドいけれど、先発とは違った緊張感があって、やりがいのある仕事だと思うようになりました」と新たな仕事を全うする。シーズン初勝利は5月15日の広島戦、2番手として6回を投げきり、1安打に抑える好投を見せた。結局、すべてリリーフで47試合に登板。鹿取義隆、角盈男《みつお》らとともにブルペンの一角を担い、74回⅓を投げて4勝3敗2セーブ、防御率3・87。3年前に15勝を挙げている定岡にしては物足りない成績だが、まだ28歳だ。10月24日のシーズン最終戦の阪神戦では、8回にマウンドへ上がると一死一塁の場面で月山栄珠を併殺打に打ち取り、たった3球でピンチを凌いでみせた。プロ11年目を無難に終えたわけだが、結果的にこれが定岡の現役最終登板となった。

男の運命なんて一寸先はどうなるかわからない。翌25日に「飯でも食おう」と球団関係者から呼び出され、「近鉄バファローズのエースになれ」とトレード通告を受ける（相手は有田修三捕手）。しかし、定岡はこれを拒否。日本シリーズで阪神が西武を破り日本一を決めた11月2日には、球団代表に巨人を辞めることを告げ、なんとそのまま28歳の若さで引退してしまう。ＹＧマークと年俸１９２０万円の身分を捨てたのである。この一連の騒動は当時大きなニュースとなり、「週刊ベースボール」といった野球専門誌だけではなく、「週刊ポスト」や「週刊明星」でも定岡特集が組まれたほどだった。

一部マスコミが特ダネに巨人が篠塚利夫（当時）と近鉄・大石大二郎のトレードを申し込むも断られたとスッパ抜いたが、仕切り直しの当初は定岡と有田を軸にした3対3の複数トレード予定だったという。そこから二転三転し、10月25日にまず岩本堯渉外補佐、29日に密かに渡辺一雄管理部長と話し合い、最後に長谷川実雄球団代表と会談するも、これが最初に長谷川代表からトレード話をされていたら受けていたかもしれない……と寂しそうに笑ってみせる定岡の「週刊ベースボール」85年11月25日号掲載談話も生々しい。

トレードを拒否しても巨人残留ができると思っていたが、その後の話し合いで自分が来季の戦力構想には入っていないことを告げられ、近鉄へ行くか辞めるかの選択を迫られたという。説得を試みたが予想外に難航してしまった球団側の焦りも見て取れる。

そんな中、「週刊明星」85年11月28日号では「勝ち星こそ通算51勝の中堅投手だったかもしれないが、後楽園のライトスタンドにギャルをあふれさせたのがこの定岡だ」と独占インタビューを掲載。自身の処遇や起用法について、「不満は誰でも持ってますよ。いや、一般社会でもそうでしょ。サラリーマンの人たちだって、オレの力はこんなものじゃないのにと思ってる人はたくさんいるはずですよ。それを言ったらキリがないもの」と、さすがに今回ばかりはシリアスな雰囲気かと思いきや、1億5000万円かけて新居を建設中という話題に触れ、「フーッ、ため息が出ますね（笑）。ジャン、ジャン！だね。見事し・っ・ぱ・い」なんつって唐突に昭和のアイドル路線の緊張感のない発言をかますサダ坊。

「しかしこれ（引退）で、結婚は当分遠のいたでしょう。生活も不安定になったし。それに第一、結婚の話があったら、引退しないで近鉄に行ってますよ」

そして、「巨人とは何だったたか」と聞かれて、「ボクにとっては、青春そのものだった」とやっぱり所属グループを卒業するアイドルのような野球人生の振り返り方をするわけだ。ほかの選手ならもっと湿っぽい雰囲気になっていたかもしれないが、後年『とんねるずの生でダラダラいかせて!!』の〝へなちょこサダ〟でお茶の間の人気者となった、定岡正二が元来持つ軽く明るいキャラも手伝い、不思議と悲壮感はない。

引退から2年後に発売された自著『OH!ジャイアンツ』(CBS・ソニー出版)によると、定岡は85年に右肘痛に悩まされ、野球を続けようか辞めようか悩んでいたという。そのタイミングでトレードを言い渡された。これも運命だ。「もう知らない球団に行ってイチからやりなおすだけの気力も、体力もなかった」と書き記している。

世間を賑わせた電撃引退から約4週間後、定岡は29歳の誕生日を迎え、巨人は同年のドラフト会議でPL学園の桑田真澄を1位指名するわけだ。なお、定岡の移籍話と同時期に「ドラフトで清原が獲れたら一塁手の中畑をトレードへ」ネタが紙面を賑わせていたのも、今となっては興味深い。

タレント転向してCM出演、モデル、もしくはスポーツキャスターと第二の人生は年収1億円も堅いと騒がれるも、定岡は86年春に渡米し、ドジャースのキャンプに単身参加している。巨人1年目のキャンプ地でもあるベロビーチで始まったプロ野球人生をべロビーチで終えたい。練習を手伝う打撃投手の名目だったが、本人は密かに大リーグ入りを夢見て、「百パーセントないわけじゃない。ほんの少しの可能性があればさ……。オレのスライダーが夢をかなえてくれるかもしれないしさ……」(「週刊ベースボール」86年3月17日号）と〝思い出づくり〟の中に〝勝負〟の気持ちも忘れずに、野球選手としての最後の1カ月を完全燃焼させた。

そんな若くしてユニフォームを脱いだ元甲子園のアイドルとは対照的な野球人生を送った、同期入団のドラフト外投手がいた。巨人からトレードで出されるも、移籍先で劇的な復活を遂げた西本聖である。

16　定岡正二

年度	所属球団	登板	勝利	敗北	セーブ	投球回	奪三振	防御率
1977	読売	9	0	1	0	15.1	9	8.40
1978	読売	2	0	0	0	2	1	4.50
1979	読売	7	0	0	0	14	11	5.79
1980	読売	28	9	8	0	149.1	96	2.54
1981	読売	31	11	7	0	196.2	122	3.70
1982	読売	30	15	6	0	189.1	85	3.29
1983	読売	29	7	7	0	117	59	5.00
1984	読売	32	5	10	1	114	68	4.58
1985	読売	47	4	3	2	74.1	41	3.87
	通算	215	51	42	3	872	492	3.83

17. 反骨の男の里帰り
――西本聖（1994年・読売ジャイアンツ）

「歳はとるものじゃない。〝食う〟もの。つまり〝食べちゃう〟んだ」

現役晩年の長嶋茂雄はそう言ったが、そのミスターに育てられたある投手も、野球に対するハングリーさでは誰にも負けていなかった。まだこんなもんじゃない、俺はまだ終わらない。わずか4勝に終わった32歳のベテランが、翌年に移籍先で20勝投手に。かつて、トレードをきっかけにそんな劇的な復活を遂げた男がいた。1989（平成元）年の西本聖である。巨人では通算126勝を挙げ、81年には18勝で沢村賞と日本シリーズMVPにも輝いた右腕は、88年オフに中尾孝義との交換トレードで加茂川重治とともに星野仙一監督率いる中日へ移籍する。

当時の西本は80年から交互に開幕投手を務めていたライバル江川卓の引退、皆川睦雄投手コーチとの確執（球団批判で罰金２００万円が科せられた）、さらに桑田真澄や槙原寛己ら20代前半から中盤の若く勢いのある投手の台頭もあり、巨人に居場所はなくなりつつあった。王貞治監督が退任後、復帰した藤田元司監督はチームの世代交代を推し進めようとしていたのである。

西本は74年の第一次長嶋政権発足時に松山商からドラフト外で巨人入り。大学で内野手に転向して再出発と思っていたら、まさかのジャイアンツからの誘いだった。左足を頭より高く上げる星飛雄馬ばりのダイナミックな投球フォームで、同期のドラ1定岡正二を強烈にライバル視。自分は契約金６００万円に背番号58、サダ坊は契約金３０００万円にエース級の背番号20だ。ちきしょう、いつか必ず追いついてやるぞと反骨の男・西本はガムシャラに成り上がる。3年目には一軍で8勝を挙げて定岡の先をいき、今度は〝空白の一日〟騒動で入団してきた怪物・江川に追いつき追い越せと野球人生を送ることになる。

当時、巨人のチーム全体が背番号30に対して微妙な距離感を取っていた。定岡や西本も、同世代の怪物投手をなんて呼ぶのか話し合ったという。年齢は江川がひとつ上だが、

1994年3月、巨人に復帰した西本聖がオープン戦に登板

プロでは自分達が先輩。結果、落としどころは「スグルちゃん」。西本はルーキー江川のキャッチボール相手まで務めることになるが、しばらくはスグルちゃんを追いかける一方的な片思いだった。どんなに「打たれろ、負けろ」と念じても、涼しい顔で瞬く間にエースの座に登り詰めた天才投手・江川卓に勝つには猛練習しかない。「江川さんというのは、ぼくにとってガソリンだった。ぼくという車は、ガソリンがあるから走れた」とのちに「週刊ベースボール」88年2月22日号のインタビューで明かしていたが、

当のライバルは野球に対していたってドライだった。若手時代から「銀行員にもなりたいし、商社にもつとめたい。できれば、あらゆる職業を経験したいと思います。現実にはムリですから、せめて興味を持ちたいし、事実、興味がいっぱいですよ」なんて〝シラケ世代〟の代表スグルちゃんの人生観とは対照的に、西本は前しか見えない目玉

をつけて炎の野球道を突っ走る。

少しでも長い距離を走ろうとランニングでは常にコースの外側を走り、内野手のノックが下半身強化に良さそうだと思えばコーチに自分にもやってくれと願い出る。グアムキャンプではひとり浜辺でダッシュする姿が激写されたこともある。貪欲だが、それを目立ちたがり屋だと煙たがる同僚もいた。記者投票で江川が敬遠されて転がり込んだ沢村賞には、チーム内から祝福の声は同期の定岡以外ほとんどなかったという。皆川コーチと衝突した際は、球団代表から準備された形だけのゴルフでの和解劇も空振りに終わり、周囲から「ニシ、もっと大人になれよ」と諭されたこともある。

そう、ストロングスタイルの申し子・西本はガチンコだった。「ベースボールマガジン」2017年6月号の定岡との対談では、最近の球界について「仲良し軍団になったよね。WBCでみんなで日の丸背負った影響もあるけど、普段の試合で、ツーベースを打った選手がセカンドを守っている選手に『ナイスバッティング』と言われて笑ってる。ああいうのは、お金を出して真剣勝負を見に来ているファンの方に失礼じゃないかな」と苦言を呈している。グラウンドは戦場だ。気迫を前面に押し出し、内角を抉《えぐ》るシュートで打者と対峙する。87年開幕戦で、中日へ移籍したばかりの三冠王男・落合博満に対しても、臆することなく全球シュート勝負を挑んで3本の内野ゴロとシングルヒット1本に抑え、完封勝利を挙げた。

そんな愚直な男のプレースタイルを高く評価したのが闘将・星野である。86年に6年連続二桁勝利が途切れて以降は度々トレード候補として名前が挙がり、西本はもう終わったという声すらあった。しかし、星野監督は88年わずか4勝の32歳右腕を、元MVP捕手の中尾をライバル球団に出してまでトレードで獲得したのである。

西本は藤田監督の元を訪ね、「来年二桁勝つ自信があるから、巨人でやらせてください」と一度は残留を訴えたほどYGマークに愛着があったが、放出されるならパ・リーグかと思ったら、古巣と戦えるセ球団への移籍、しかも優勝チームの中日だ。「よし、だったらジャイアンツを見返してやるぞ」なんて雑草男のハートに火がつく。やはりこの男は巨大な敵に立ち向かってこそ真価を発揮する。

〝ケンカ野球〟と言われた当時の星野中日のチームカラーも西本には合い、89年に巨人から5勝を挙げ、20勝投手に。キャリア初の最多勝と最高勝率のタイトルを手にした。7月に5勝無敗で自身初の月間MVPを受賞した際には、「こんな好調が続いているのは、トレーナーや裏方さんが僕の意見を聞いてくださるから。巨人のときは、どうも制約されるところがあった」と古巣をチクリ。7月14日、地元ナゴヤでの勝ち星は通算136勝目で、ついに江川の勝利数も抜いた。まさに前年の4勝から劇的な復活である。交換相手の中尾も新天地では強気のリードで若い巨人投手陣を引っぱり日本一に貢献、ベストナインとゴールデングラブ賞を受賞した。両球団にとってウインウインのトレードとなり、両者にはカムバック賞が贈られている。年末に「週刊宝石」89年12月21日号で対談した小柳ルミ子から「だから、私も西本さんと同じですよ。自分で言うのもなんですけど、私は、かなりプロ意識が強いほうですから、いまの芸能界では……、早い話がはみ出し者ですね」なんてエールを送られつつ、契約更改ではほぼ倍増の推定年俸8500万円でサイン。

移籍2年目の90年に11勝を挙げた西本は、3年目も春先から好調だったが、椎間板ヘルニアを患いロサンゼルスで手術を受ける。成功率は75パーセント、残りの25パーセントは失敗の可能性があり車椅子生活が待っている。それでも現役にこだわったのだ。翌92年は1勝11敗に終わり、中日を自由契約後、オリックスへ。年俸7600万円から大幅ダウンの3000万円での再スタートを切ったが、4月のたった一度の先発機会で失敗すると、その夜の内に二軍落ちを通告される。次に一軍で先発したのは約3カ月後のことだった。

この年、13試合で5勝を挙げるも出来高払いを巡り球団側と衝突し、三度目の交渉で自ら自由契約を申し出る。数日後に電話を掛けたのは、93年から巨人監督に復帰していた長嶋茂雄の元だ。そして、西本はテスト生として「最後の1年」に臨むことになる。

94年巨人春季キャンプ、背番号のないユニフォームを着る37歳のテスト生がいた。二度のテスト登板に、1試合の追試。自著『長嶋監督 20発の往復ビンタ』(小学館文庫)によると(それにしても「20発の往復ビンタ」って本のタイトルからして内角ギリギリを抉ってる)、急遽追加された3試合目は「西本さんが投げるんだったら、僕が守ります」と、慢性的なアキレス腱痛に悩まされていた原辰徳が三塁守備に就いたという。お互い歳を取った。それでも80年代にともに巨人を支えた盟友からの気遣い。

なんとか合格を勝ち取った西本は、往年の背番号26ではなく、自身の新人時代に長嶋監督がつけていた90番でプロ20年目をスタートさせる。しかし、だ。当時の堀内恒夫投手コーチが東京スポーツで「オレが西本を使わない全理由」をぶちまけ騒動になる。前出の自著によると、年末に西本は堀内を訪ね、「入団してきたら俺はおまえを起用する」と言われたはずが、「あいつにテストを受けるなと言った」に変わっている。いったいなぜ？

ともかく直属の上司にここまで嫌われてしまったら、もうチャンスはない。二軍ではハタチそこそこの若手から「西本さん、よくプッツンしないでやれますね」なんて心配されたこともあったという。どんな仕事も、後輩から同情されると惨《みじ》めだ。窓際の38歳は、結局一軍で1試合も投げることなく、あの中日と戦った130試合目の同率優勝決定戦も西本はテレビで観た。そして、V決定の翌日に長嶋監督に電話を掛け、10月13日に引退会見を開くことを伝えるのだ。

翌95年1月21日、多摩川グラウンドでささやかな引退試合が行われる。有志主催の手作り感溢れる雰囲気だったが、過去のチームメイトたちに加え、なんと私服のミスターもサプライズで登場。始球式だけでなく代打で打席にも立ち、西本からボテボテの三塁内野安打を放ち盛り上げた。「もう一度、ジャイアンツで勝ち投手になって長嶋監督と勝利の握手がしたい」という夢は叶わなかったが、西本聖のラストマウンドはミスターの笑顔とともに静かに終わった。

巨人で126勝、移籍後に39勝を積み重ねた反骨の男。なお通算165勝はドラフト外入団投手では史上最多だ。

さて、70年代後半から80年代中盤にかけて、その西本の全盛期に常に大きな壁となって立ちはだかった大打者が、大学出身の選手では史上最多の通算536本塁打を放った〝ミスター赤ヘル〟こと山本浩二である。

17　西本聖

年度	所属球団	登板	勝利	敗北	セーブ	投球回	奪三振	防御率
1976	読売	1	0	0	0	1	0	27.00
1977	読売	47	8	5	4	118	54	2.67
1978	読売	56	4	3	2	129.1	64	3.77
1979	読売	44	8	4	6	153	85	2.76
1980	読売	36	14	14	2	222	118	2.59
1981	読売	34	18	12	0	257.2	126	2.58
1982	読売	37	15	10	1	262	124	2.58
1983	読売	32	15	10	0	239.1	122	3.84
1984	読売	31	15	11	0	224.2	91	3.12
1985	読売	33	10	8	2	169.2	66	4.03
1986	読売	22	7	8	0	104	33	3.89
1987	読売	26	8	8	0	130	67	3.67
1988	読売	15	4	3	0	64.2	35	3.90
1989	中日	30	**20**	6	0	246.2	96	2.44
1990	中日	25	11	9	0	174.1	71	3.25
1991	中日	6	2	1	0	39.2	23	3.18
1992	中日	16	1	11	0	75.2	25	4.88
1993	オリックス	13	5	5	0	65.1	39	4.41
	通算	504	165	128	17	2677	1239	3.20

18. 有終の美を飾ったミスター赤ヘル
――山本浩二（1986年・広島東洋カープ）

40歳対19歳の4番打者対決。

1986（昭和61）年の日本シリーズでは、西武ライオンズのゴールデンルーキー清原和博と広島カープの山本浩二の競演が話題となった。当時、新人類と呼ばれたキヨマーが不惑のミスター赤ヘルに挑む。いわば、球界世代闘争である。山本が第1戦で東尾修から巧みな技術で右翼席に同点アーチを放てば、清原は高卒ルーキー新記録のシリーズ11安打を記録。その差、21歳の王道継承。すべては切ないくらいに輝いていた。そしてシリーズ中に40歳の誕生日を迎えた背番号8は、この年限りで現役を引退する。チームトップの27本塁打を放ちながら、4番打者のままユニフォームを脱いだのである。

なお今では当たり前になった球場での選手への名前コールも、広島市民球場で山本の同級生らが中心になって作った私設応援団が、大声で「コージ！」と連呼したのが始まりと言われている（2021年はコロナ余波でまた違った応援スタイルが模索されているが……）。例えば、天下のONに対してはファンも「シゲオ！」とか「サダハル！」とは言いづらい。3000安打の張本に「イサオ！」なんて叫んだら球場の駐車場で喝を入れられそうだ。でも、コージはいける。なぜなら、ヤツは元熱狂的カープファンでもあり、俺らの街のヒーローだから。あの頃、山本浩二はまさに広島の顔だった。

地元・広島が生んだスーパースターは、法政大学から68年ドラフト1位でカープ入り。当初は投手出身の強肩と俊足が売りのイチ若手外野手だったが、75年に「浩司」から「浩二」へと登録名を変更。この年、打率・319で自身初の打撃タイトルを獲得、球団初優勝に大きく貢献してMVPにも輝く。そして、栄光の30代に突入すると、32歳になる78年シーズンに前年に続く44本塁打で初のキング獲得。79〜81年には3年連続打点王。20代は一度もなかったホームラン40本台を31歳から5年連続で記録するなど、遅咲きのスラッガーでもあった。

ちなみに当時の球界は35歳定年制なんて言われるほど、選手寿命が短かった。阪神の小林繁が13勝を挙げながら31歳で現役引退した83年、山本は中堅から負担の少ない左翼へコンバートされ、36本塁打で4度目の本塁打王に輝くが、翌84年には37歳にして打撃コーチ兼任となる。巨人の王貞治助監督のように数年後の監督就任を見越したレール作りである。このシーズンの5月、大卒選手では長嶋茂雄以来2人目の通算2000安打を達成。しかし、後半戦では11年ぶりに打順が6番に降格したり、一時打率が2割5分を切り休養目的で大洋3連戦を欠場するなど、古葉竹識監督の以前とは異なる起用法も目立った。それでも、自分が仏頂面していたらベンチのムードが暗くなると、自ら若い選手に声をかけて盛り上げた。

1987年4月、前年に現役を退いた山本浩二の引退セレモニー

結局、終わってみればコーチ兼任ながらチームメイトの誰よりも多い33本塁打を放ち、カープ4年ぶりの日本一というご祝儀もあって、球界最高給となる年俸8500万円で契

約更改。まさにON引退後の球界の頂点に君臨してみせた。「週刊サンケイ」85年1月10・17日号の長嶋茂雄との対談では、当時全国区の人気を誇った巨人に対して、男盛りのギラついたコージはこんな対抗意識を燃やしている。

「うーん、正直いって、人気だけっちゅう気がしないでもない。なかには一流といえるのもいますが、そうでないものも多い。それに努力が足りない。うちのキヌ（衣笠祥雄）やヨシヒコ（高橋慶彦）の練習はすごいですよ。（ジャイアンツは）もっと鍛えなきゃダメだと思います。彼らも力をつけ、その上でうちが彼らをやっつける。そういうふうにならないと、おもしろくありませんよ」

さすが最高年俸選手。球界全体の盛り上がりを考えた発言も多かったが、一方で持病の腰痛に加え、背筋、太ももと満身創痍の状態でグラウンドに立っていた。85年の自主トレ初日には担当記者から「引退をかけてのスタートですね」なんて質問され、「何ていうことを聞くんや。引退だなんてそんなこというなよ」と一喝。阪神の猛虎フィーバーで沸いた85年の山本は通算500本塁打を達成したが、オープン戦で右足ふくらはぎを痛めた影響もあってプロ入り以来最少の113試合の出場に終わり、打率・288、24本塁打と低迷した（……って、冷静に見たらこの成績でもバリバリ主力選手なわけだが）。

王貞治と同じく、4番打者は4番打者のまま終わる引き際の美学。30代後半に差し掛かった頃、山本は「週刊ベースボール」にこんな言葉を残している。

「打てなくなって、走れなくなって、ボロボロになってスタンドから同情されてまでプレーは続けたくない。一番理想なのは惜しまれながら、静かに球場を去ること」

そして86年、山本浩二はプロ18年目の「最後の1年」を迎えるわけだ。しかし、終わることなどあるのでしょうかと思わず突っ込みたくなる猛打を、背番号8は開幕から披露する。打率・378、8本塁打、19打点で4月の月間MVPに輝く最高のスタートを切ったのだ。6月には同学年の盟友・衣笠祥雄が2000試合連続出場を達成。12球団トップのチーム防御率を誇る強力投手陣を擁し、広島は前半戦を首位ターン、山本はファン投票でオールスターにも選出される。なおミスター赤ヘルの球宴通算14本塁打は王と清原を抑え歴代最多記録である。

その一方で、山本は6月頃から自身のバットの振りの鈍さに気付き、夏頃にはいよいよ体力的な限界を感じて、打ち込みよりも体のケアを優先させるように心がけた。後半戦開始直後、「ワシの息子のような連中を相手にしていて、打てない時などは考えてしまうワ。これでいいのかってな」と元同僚・江夏豊に心情を吐露した「週刊ポスト」86年8月1日号の直撃インタビューでは、自身の置かれた立場をこんな風に語っている。

「みんな今にバテるやろう、バテるやろって、気を遣って心配してくれるから（笑）。まぁ、なんとなく自分では行けそうな気がするんだけれど。それにサチ（衣笠）も最近上向いてきとるし、いいんじゃないのかな。だから、まだまだ城は明け渡さんぞ、やね」

ところが、山本と衣笠への依存度が高いカープ打線は、ベテランふたりに疲れが見えだした夏場に急失速。8月下旬には巨人に最大5・5差をつけられるが、9月に13勝6敗と巻き返し、両球団は球史に残るマッチレースを繰り広げた。ラスト10試合でともに8連勝を記録。広島が優勝を決めたのは130試合制の129試合目で、勝利数は広島73勝に対して巨人75勝、最後は引き分け数が4つ上回ったカープが競り勝ったが、わずか勝率3厘差、ゲーム差0の接戦だった。

その激しいV争いの最中、10月9日のスポーツ新聞一面に「浩二引退」の見出しが躍る。もちろん誰もが今年限りと薄々感じていたが、これには「個人のことでチームの優勝争いに影響が出たらどうする」と山本本人も怒ったという。そして、優勝を決めた翌13日の神宮球場でのヤクルト戦、9回表二死無走者で打席に入った4番山本は矢野和哉投手から左翼席へ豪快な一撃を叩き込む。自身の公式戦最終打席での一発は、王貞治、野村克也、門田博光に次ぐNPB歴代4位の通算536号にして、球団通算4000号のメモリアルアーチ。ホームで出迎えた盟友・衣笠は背番号8からの「サチ、頼む。お前も打ってくれ」というエールに応え、直後にフルスイングで左中間スタンドへ運び、通算86度目のアベックホーマーとなった。

結局、最終年の山本は130試合中125試合で4番を張り、史上初めて第8戦までもつれこんだ西武との日本シリーズも全試合「4番左翼」でスタメン出場。だが、10月25日に40歳の誕生日を迎え、背筋痛の影響もあって27日の第8戦は試合前フリー打撃を回避するほどギリギリの状態だった。最後は西武が1引き分け3連敗から4連勝の逆転日本一に輝くが、試合後セレモニーが終わると、負けた広島ナインがグラウンドに飛び出し背番号8を胴上げ。広島市民球場に鳴り響くコージコールに、主役は幾度となく涙を拭ってみせた。その夜は衣笠とお互いの妻を連れ会食。締めはカラオケで盛り上がったという。そして翌28日、会見を開き正式に現役引退を表明する。背番号8は球団史上初の永久欠番に。

「山本浩二は幸せ者です。山本浩二は本当によくがんばった」

ミスター赤ヘルはそう18年間の現役生活を振り返った。大学出身で通算500本塁打を達成したのは山本が初めて。4度の本塁打王、3度の打点王。536本中367本を30代で放った。外野守備の安定度は球界屈指で、75年には302守備機会無失策のセ・リーグ記録を樹立。ダイヤモンドグラブ賞(現・ゴールデングラブ賞)を10年連続で受賞している。「最後の1年」の成績は打率・276、27本塁打、78打点、OPS・857。本塁打、打点はチームトップで打率も同2位。外野手ベストナインにも選出された。だが、自分は4番打者のままで終わる。この堂々たる成績でも、ユニフォームを脱ぐことを選んだのである。

なお山本が西武の根本陸夫管理部長へ挨拶に行くと、「清原の見本になってくれ」とライオンズに誘われたという。DHならあと数年は充分できたし、パ・リーグで秋山・清原・山本の〝AKY砲〟の夢のクリーンナップ結成は魅力的だったが、ミスター赤ヘルはカープ一筋を貫き通した。

翌87年4月5日、広島市民球場のオープン戦で引退試合が行われた。内野席オール1000円、外野席無料の球場には3万人のファンが集結。外野席には2603着の赤い雨合羽で「ありがとうコージ」の人文字が作られた。4番センターで先発出場した山本は第2打席でライト前ヒットを放ち、試合後はグラウンドを一周してファンにお別れ。ペナント開幕5日前の大々的な引退試合。この2年後、カープの青年監督として戻ってくることになるが、かつてこれほどまで愛されたフランチャイズプレーヤーがいただろうか？ 田中角栄が『日本列島改造論』を出版したのは1972年だが、セ・リーグの地方分散の象徴、広島カープ初Vは75年のことだった。長嶋茂雄との対談で、オフになると球団対抗の歌番組やゴルフ番組に出演することについて、「広島から出ないことには、ハッキリいって広島のスターで終わっちゃいますからね。若いときには、契約更改の席で東京の人たちと対等に話せるように、給料上げてくれと頼んだこともありますよ」と〝中央〟への強烈な対抗意識を明かしていたミスター赤ヘル。巨人V9直後の球界で、カープを強豪チームへと押し上げ、ローカルがメジャーに勝てることを見事に証明してみせた。つまり、コージはプロ野球史上最大の〝ローカルスター〟だったのだ。

さて、時計の針を少し戻そう。86年日本シリーズ第8戦、現役最後の真剣勝負に臨むミスター赤ヘルは7回裏に三塁線を破る二塁打を放ったが、その相手投手はパ・リーグ最多勝に輝いた西武の若きエース、当時21歳の〝新人類〟渡辺久信である。

18　山本浩二

年度	所属球団	試合	打数	安打	本塁打	打点	盗塁	打率
1969	広島東洋	120	366	88	12	40	9	.240
1970	広島東洋	128	461	112	22	56	21	.243
1971	広島東洋	123	431	108	10	52	25	.251
1972	広島東洋	130	485	125	25	66	18	.258
1973	広島東洋	126	449	121	19	46	10	.269
1974	広島東洋	127	476	131	28	74	18	.275
1975	広島東洋	130	451	144	30	84	24	**.319**
1976	広島東洋	129	464	136	23	62	14	.293
1977	広島東洋	130	448	138	44	113	22	.308
1978	広島東洋	130	473	153	**44**	112	12	.323
1979	広島東洋	130	467	137	42	**113**	15	.293
1980	広島東洋	130	440	148	**44**	**112**	14	.336
1981	広島東洋	130	473	156	**43**	**103**	5	.330
1982	広島東洋	130	448	137	30	90	8	.306
1983	広島東洋	129	462	146	**36**	101	5	.316
1984	広島東洋	123	437	128	33	94	5	.293
1985	広島東洋	113	382	110	24	79	2	.288
1986	広島東洋	126	439	121	27	78	4	.276
	通算	2284	8052	2339	536	1475	231	.290

19. 西武黄金時代のエースは台湾で
——渡辺久信（2001年・嘉南勇士）

当時、その若者は〝新人類〟と呼ばれていた。

西武ライオンズの渡辺久信である。1983（昭和58）年ドラフト1位指名時にはリーゼントに短ラン・ボンタン姿のリアル「ビー・バップ・ハイスクール」スタイルが話題となるが、プロ入り後は勝利投手になった翌日、原宿でのショッピングを楽しみ、洋服代は月に30万円。酒を飲むよりディスコで踊ってストレス発散。他球団の同期入団投手とは、勝ち星が少ない方がゴルフウエアを着て六本木を歩くなんて勝負をする。寮でラジコンカーでのレースに熱中していたら、マシンが壁にぶつかり火を吹き煙が出たことも。ある意味、燃える男ナベQだ。そんなヤンチャで早熟な右腕は、入団2年目に抑えに抜擢、3年目の86年には先発に定着して16勝を挙げ、21歳の若さでパ・リーグ最多勝と最多奪三振に輝いた。

86年の新語・流行語大賞で〝新人類〟の代表として、チームメイトの工藤公康や清原和博と表彰式に出席。V旅行先のハワイのビーチでは、フレディ・マーキュリーばりの際どいショートパンツ姿で寝転がって日光浴を楽しみ、春季キャンプ中はテレビ朝日『ニュースステーション』で、工藤との「クドちゃんナベちゃんのキャンプフライデー」なんてご機嫌なコーナーも担当。トレンディドラマの主人公のような身長185センチの細身のスタイルにイケメンで絶大なギャル人気を誇り、村田兆治や門田博光といった豪傑タイプが多かったパ・リーグのイメージを変えた選手でもある。

そのフィーバーぶりは凄まじく、寮を出てマンションでひとり暮らしを始めると、女性ファンが玄関の外まで押し掛け、インターホンを鳴らしたり、一晩中外で待っていたりしたという。『清原和博　告白』（文春文庫）によると、まだ車も持っていなかった十代の清原を連れて青梅街道沿いのリンガーハットへ出かけ、夜遅くまで無駄話に花を咲かせる良き兄貴分の一面も。あの頃、仲間たちと無心に啜《すす》った長崎ちゃんぽんは、おっさんになってから食らうどんな高級焼き肉より心に沁みた。そんなヤングレオのリーダー的存在の背番号41は、ローテのど真ん中で西武黄金時代を支えてみせた。

85年から94年の間、チームは9度のリーグ優勝、6度の日本一に輝くが、渡辺は150キロ近い快速球とフォークを武器に、87年を除き毎年150～200イニング前後投げ、3年連続15勝以上を挙げたほか、3度の最多勝を獲得。しかし、同僚の工藤も羨《うらや》んだ桁違いの馬力と強靭な体を誇った典型的なパワーピッチャーは、体力が落ち始める20代後半になると思うように勝てなくなる。

二桁勝利は92年の12勝が最後。30歳を迎える95年、若手時代に可愛がってもらった東尾修が監督就任すると、一時抑えを務める一方、96年6月11日にはイチロー擁するオリックス打線相手に自身初のノーヒットノーランも達成する（同年4月2日の初勝利も1安打完投勝利だった）。しかし、前半戦で6勝を挙げるも後半は1勝もできず、翌97年は12試合で0勝2敗、防御率4・15とプロ14年目で初めて未勝利に終わる。

1999年、台湾で最優秀選手となった渡辺久信（提供：朝日新聞社）

このシーズンのヤクルトとの日本シリーズ第3戦では、古田敦也に決勝アーチを浴びるが、「週刊ベースボール」97年12月29日号によると、渡辺の視力は左1・5に対して、右0・5と目に不安があった。10月後半の大観衆が入った神宮球場のナイターはホーム付近にモヤがかかって捕手・伊東勤のサインがよく見えず、要求されたフォークボールではなく真ん中付近に直球を投げてしまう痛恨のサインミス。気が付けば年々髪の量が……じゃなくてスピードが衰え、数年前から投手コーチに「もう力だけでは抑えられない。考え方を変えろ」と度々指摘されてきたが、全盛期と同じく直球にこだわる渡辺の投球スタイルは、一軍では通用しなくなっていた。

すると、功労者とのお別れはあっさりしたものだった。97年ドラフト会議で西武が7位まで全員投手を指名した翌日、球団から西武球場近くの割烹旅館まで呼び出され、トレード通告かと思ったら、戦力外通告を受けるわけだ。ユニフォームを脱ぐならマスコミへの再就職先を紹介するとも言われたが、まだ32歳の通算124勝右腕への対応としてはあまりにドライなものだった。渡辺は「まだまだやれるよ。日本のプロ球団から声が掛からなければアメリカのマイナーに行ってでも投げたい」と現役続行に意欲を見せ、国内複数球団からオファーがあった中から、条件面では劣るヤクルト入りを決断。1億円を軽く超えていた年俸は3000万円＋出来高3000万円という条件だったが、お金よりも〝野村再生工場〟で知られる野村克也監督のもとで野球をやりたかった。

そうして、渡辺久信は「最後の1年」を迎えるわけだ。プロ15年目、技巧派への転身を決断して、98年春季キャンプでは新球シュートの習得を目指したが、肝心なところで単調な直球勝負か苦し紛れのスライダーに逃げる悪いクセが顔を出す。右肘が上がらず打者からリリースポイントが見やすいフォームの欠点も露呈した。オープン戦3試合で6本塁打を浴びるなど「心臓に悪い。いつもドキドキ。命を削られる投手だよ」とノムさんの信頼を得ることはできず、1勝5敗1セーブ、防御率4・23という物足りない成績に終わってしまう。タイミング悪く、翌年から野村監督に代わり若松勉新監督が指揮を執ることに。チームの若返りの方針もあり再び戦力外通告。肩や肘はまだいけたが、もう日本でイチから球団を探す気力はなかった。通算125勝110敗27S、防御率3・67、1609奪三振。その日の内に、33歳での現役引退を表明する。

第二の野球人生は解説者としての仕事も決まり、あとは契約書にサインするだけ。と思ったら、西武時代の盟友・郭泰源が台湾大聯盟の技術顧問に就任し、日本人の投手コーチを探しているという。自著『寛容力〜怒らないから選手は伸びる〜』（講談社）によると、先輩の東尾や西武ファンの吉永小百合との会食の席で、ふとその話題が出ると、東尾は「ナベがいずれ日本で指導者をやるというのなら、一度台湾で勉強してきた方が絶対タメになるぞ。真剣に考えてみろ」と、すぐ家に帰って嫁さんと相談してこいといきなり言い出す。ええっ？　楽しみにしていた吉永さんを前に帰れるわけがないじゃないすか。必死に抵抗するお茶目なナベQだったが、その夜、直帰後に家族会議を開いて台湾行きを決断した。

しかも、嘉南勇士では選手兼コーチだ。マウンドに上がるからには、若い選手の手本とならなければ意味がない。いい緊張感を持って野球と向き合い、1年目の99年は18勝を挙げ、最多勝、最優秀防御率、最多奪三振と投手タイトルを独占する活躍を見せ、最優秀選手になった。まだ140キロ台が出たが、あれだけ速球にこだわっていた男が初球は変化球から入ることも増えた。先発すると7回か8回まで投げ、最終回は投手コーチとしてマウンドの若い選手へアドバイスを送る。チームの投手部門のほとんどすべてを任されているので、自分が交代する時は自らタイムをかけて監督を呼ぶ自己申告制。伸び悩むサイドスロー投手の参考になればと、自身が1試合サイドスローで投げたら、なんと完封勝利したこともあった。

とにかく渡辺久信は心身ともにタフだった。前出の『寛容力』によると、異国の地で屋台の食事を楽しみ、大きい体を丸めて原付バイクにまたがり球場へ。選手の実家へ招待されて酒を酌み交わし、2年目には中国語も覚え、ヒーローインタビューで「みんなありがとう！　今夜は飲みましょう！」なんて叫び、球場を盛り上げる。オフの日はひとり旅で台湾各地を歩き、声を掛けて来た地元の人と朝の4時まで飲み明かしたこともある。台湾での人付き合いで酒が異様に強くなったという。凄い、転勤族のサラリーマンならスピード出世しそうなバイタリティとコミュニケーション能力である。コーチ業では、日本での選手生活晩年に二軍生活を経験したことが生きた。若手との距離を縮め気持ちを理解したかったら、自ら歩み寄り飛び込んでいく。渡辺は、3年間の台湾生活は「第二の青春時代だった」と振り返っている。

98年のヤクルトで過ごしたシーズンが最後の1年……と思いきや、それは渡辺久信にとって始まりの1年でもあった。帰国後、解説者を経て二軍コーチとして古巣西武へ復帰。２００８年には一軍監督1年目で日本一に導いた。譲れない信念は、チームを預かっている以上、絶対に選手を守る。ある試合で自軍がその日3つ目の死球を受け、ホームベース付近で小競り合いになると、「若い投手だから（仕方がない）」という敵将の王貞治監督に、「王さん、だったらファームでやってくださいよ。ウチの選手がそっちにぶつける逆の状況だったら、なんて言うんですか！」と、尊敬する世界の王にも向かっていく。ときに年上の人間にも臆せず意見をするボスは選手からの信頼も厚く、現在は西武GMを務めている。前橋工業高のツッパリは見事に球界で成り上がってみせた。

さて、時計の針を少し戻そう。プロ2年目、20歳の渡辺が初めてのシリーズ登板を飾った、85年日本シリーズ。阪神タイガースの猛虎打線を牽引し、西武投手陣を粉砕してMVPに輝いた三冠王がいた。そう、史上最強助っ人の呼び声高い、ランディ・バースである。

19　渡辺久信

年度	所属球団	登板	勝利	敗北	セーブ	投球回	奪三振	防御率
1984	西武	15	1	1	0	52.2	38	3.93
1985	西武	43	8	8	11	152	121	3.20
1986	西武	39	**16**	6	1	219.2	**178**	2.87
1987	西武	30	5	3	8	105.2	74	3.07
1988	西武	28	**15**	7	0	185	123	3.60
1989	西武	29	15	11	0	226.2	174	3.41
1990	西武	30	**18**	10	0	224.1	172	2.97
1991	西武	25	7	10	0	151.1	127	4.40
1992	西武	28	12	12	0	179.1	141	3.81
1993	西武	26	9	14	0	160	143	3.83
1994	西武	25	9	8	0	146.1	97	4.37
1995	西武	20	3	4	6	49.1	43	5.66
1996	西武	20	6	9	0	118.1	92	4.56
1997	西武	12	0	2	0	43.1	37	4.15
1998	ヤクルト	19	1	5	1	61.2	49	4.23
	通算	389	125	110	27	2075.2	1609	3.67

20．〝神様〟の悲しい結末
――ランディ・バース（1988年・阪神タイガース）

「バースの再来」

野球ファンはこの言葉をいったい何度耳にしたことだろう。阪神に新外国人選手が来る度、30年以上にわたり今度こそはと期待され、その現役時代には生まれてもいなかったドラフト1位スラッガーの佐藤輝明が入団すれば、「バースと誕生日が同じや！」なんて盛り上がる。

ちなみにバースが来日した1983（昭和58）年に任天堂から発売されたのがファミリーコンピュータだ。令和の最新ゲーム機PS5を見て「ファミコンの再来！」と言っちゃうレベルで「バースの再来」は息の長い表現なのである。

来日時、名前をカタカナ表記すれば〝バス〟が一番近いが、マスコミや熱烈ファンに

「おんぼろバス」と野次られることも心配して登録名は〝バース〟になった男が打ち立てた2年連続三冠王、日本記録のシーズン打率・389、7試合連続本塁打という偉業の数々。54本塁打を放った85年、背番号44はペナントと日本シリーズでダブルMVPを獲得して、阪神21年ぶりのリーグVと球団初の日本一に導く。ジレットのテレビCMでトレードマークのヒゲを剃り「カミソリノ、サンカンオウダ」と笑い、プロ野球史上最も有名な助っ人選手になった。

1985年、神がかった活躍を見せたバース

だが、昭和最後のシーズンに〝神様〟は突然、甲子園から去る。88年、史上最強助っ人ランディ・バースの「最後の1年」を追ってみよう。

日本一後の阪神は86年に3位に滑り込んだものの、87年は球団ワーストの83敗を喫し、勝率・331で首位巨人と37・5ゲーム差の最下位に沈んだ。主砲の掛布雅之は開幕前に飲酒運転事件を起こし、オーナーから「大バカで幼稚な男」なんて激怒され、本職でも腰痛に悩まされ打撃不振に陥ってしまう。バースは当然のように3割30本をクリアしたが、この年にロッテから中日へ移籍してきた落合博満とのセ・パ三冠王対決は、落合の最高出塁率獲得のみに終わる。

「いきなり、ズルズルと連敗し始めたんだ。オレたちみんな、まるで睡眠薬を飲まされたような感じだった。ノロノロと動きがにぶくなって、まるで打てない。オレたちゃ、ふらふら虎だ」なんてさすがのバースも「週刊ポスト」87年7月17日号インタビューで意味不明なエクスキューズをかますくらい、チーム状況は最悪だった。タイガース再建の具体案を聞かれても、「とにかく、日本語もわからないオレたちに何かしろというのは無理だよ」と、周囲からの過度なプレッシャーにうんざりしたような言葉を残している。この年、自身も大洋戦でホームランを放った直後、滑り止めスプレーをバットの先端部までつける行為に相手ベンチからクレームをつけられるトラブルにも見舞われ、背番号44はシーズン最終戦が終わった3日後、吉田監督解任劇が大阪・梅田の阪神電鉄本社で展開されていた翌日にひっそりと帰国している。

そして、村山実が新監督に就任した88年シーズン、34歳の最強助っ人はこれまでの3

番ではなく「4番一塁」で開幕を迎えるが、いきなり4連敗スタートとつまずき、バースのシーズン第1号もチーム11試合目と調子は上がらなかった。

なにより村山監督と当時のベテラン選手たちの関係性は冷えきっていた。『バースの日記。』(翻訳・平尾圭吾、集英社文庫)では、「監督の罰則で長いランニングとなったが、ハードなランニングをしたからといって、われわれが上達するというのか。まったく、バカな話である」と根性論の指導法に疑問を呈し、村山監督が自分の若い頃の武勇伝を語る結婚式のスピーチも、「まったく場違いな、バカなスピーチだった」と一蹴。試合後は選手会ミーティングで、「どうせ監督は来年クビだろう」なんて盛り上がった生々しい様子が記録されている。

一般企業でもプロ野球チームでも、結果が出ないと現場から不満が出るものだ。『バースの日記。』には、ボスに不満を持ちながらも、87年オフに阪神と新たな2年契約を締結しており、まだまだ日本球界でプレーし続けていく様子が綴られている。だが、そんな日常が一変するのが、88年5月6日だ。

目の異常を訴えた愛息ザクリー君の精密検査をすると、頭部に水がたまる水頭症で、脳腫瘍の疑いがあると診断されてしまう。泣き崩れるバース夫妻。もう野球どころではない。早急な治療が必要だ。それ以降、バースの名は阪神のスタメンから消えた。5月13日から14日にかけて、バースは球団側と話し合い、ザクリー君をサンフランシスコの病院に移すため、5週間だけアメリカへ帰国してよいという契約書にサインをさせられる。

息子の治療費は契約通り球団が保険で支払ってくれるのかと聞くと、友人で阪神編成部員兼通訳の本多達也は「間違いなく支払う」と答えたという。だが、実際のところ球団は保険には加入しておらず、この治療費を巡り、のちに阪神とバースは泥沼の争いをする事態になる。

帰国後も電話で何度かやり取りして、契約書通り6月中旬に一度日本へ戻ると話すバースに対して、「なにも無理して帰ることはない。6月21日までに、いつ帰って来られるか知らせてくれ」と本多から提案される。それが、やがて7月1日に帰ってきてほしいという要望に変わったため日程を調整し、ザクリー君の容態も安定したことから、バースは6月26日に球団事務所に電話を入れて「いつでもタイガースの望む日に日本に行けるから」と本多に伝える。しかし、だ。翌27日午前4時、バースのもとに一本の電話が入る。

「君は、解雇だ」

それを告げる本多もつらそうだったという。もはや上層部で物事は決まり、自分はそれを伝えることしかできないのだと。当時の阪神は、6月10日に球団社長を退任させ、新たな人事ラインの突貫工事で球団を強引に次のサイクルに持っていこうとしていた。つまり、85年優勝メンバーで高額年俸の人気選手だった掛布とバースのいないチーム作りである。

背番号31のミスタータイガースは6番降格、さらに「週刊文春」88年7月28日号によると、試合後の話し合いで村山監督から「掛布、お前は疲れてるんや。女房連れて温泉にでも行ってこいや」と、遠回しに事実上の戦力外を告げられてしまう。結局、掛布はこの年限りで33歳の若さで引退することになる。

バースも球団側とロサンゼルスで話し合いを持つが、今後の治療費を巡り事態は長期化。年俸の支払いについて、2年契約270万ドル（3億5100万円）の内、すでに7300万円の支給は受けたが、残り2億7800万円はどうするのかといった交渉の詳細が、当時のマスコミにはすべて漏れていた。『バースの日記。』によると、9月下旬にようやく医療費名目の総額155万ドルに加え、保険に代わる信託基金の設定などで和解したという。しかしその間、他にも様々な業務に追われて心労が重なった阪神球団代表が自殺する騒動もあった。

チームは、バースの代わりにルパート・ジョーンズというスキンヘッドの新外国人選手を緊急獲得するも、話題になったのは日本球界初の「背番号00」のみで、チームは最下位を独走。自ら最強助っ人を手放した阪神は、これ以降しばらく暗黒期へと突入する。

結局、88年のバースは5月5日の試合を最後に戻ることなく、わずか22試合の出場で打率・321、2本塁打、8打点。だが、当時まだ34歳の最強助っ人に多くの球団が水面下で接触しており、本人も日本での復帰を望んでいた。

来日した年に阪神監督を務めていた安藤統男《もとお》が作戦コーチでいたヤクルト入りが度々報じられたり、88年12月3日号の「週刊現代」独占インタビューでは「今のところ、代理人にはスワローズとホークスから話が来ている。メジャーリーグ3球団からも誘いがあるが、阪神タイガースにいたときの年俸を保証してくれれば、ボクは喜んでホークスにいくよ」と、福岡に移転したばかりのダイエーに強い興味を示している。

現実的にメジャーの控え一塁手兼代打要員より、高額年俸の日本球界でプレーしたい。

興味深いのは「週刊ポスト」88年8月5日号で取材を受けたバースの「いま中日ドラゴンズが誘いにきている。落合とオレで3番、4番を打たせたいらしい」というコメントだ。もしバースと落合が並ぶ夢のクリーンナップが実現していたら、どんな強竜打線が完成していただろうか。さらに意外なことに、本塁打記録を巡り因縁があった巨人の王監督も「バースが獲得できるものならお願いしたい」と一時期乗り気だったという。

なおバースは平成が始まったばかりの89年春、回復したザクリー君とともに再来日。お世話になった人々に挨拶とお礼を伝え、初めて東京ドームで巨人と西武のオープン戦を親子で観戦したと「週刊ベースボール」89年5月1日号の取材に答えている。日本では1億円を超えると報道された治療費は、実際はトータル5万ドル（650万円）ほどで済んだという。しかし、それ以降バースが日本球界に復帰することはなかった。34歳での事実上の引退である。一連の医療費の交渉が、カネで球団と揉めているというイメージとすり替わり、足枷《あしかせ》になってしまった感は否めない。

NPB6年間で通算打率・337、202本塁打、486打点。OPSは1・078という凄まじい数字と強烈なインパクト。今も「神様バース」の最強神話が根強いのも、結果的に他球団に移籍せず、全盛期のままユニフォームを脱いだことが大きいのではないだろうか。甲子園でのラストダンスなき悲しいお別れ。ファンに衰えた姿を見せることなく、三冠王のイメージを残したまま突然去ってしまった。

さて、そんなバースと同時代に日本球界で活躍し、人気を二分した助っ人が、巨人の背番号49。ウォーレン・クロマティである。

20　R. バース

年度	所属球団	試合	打数	安打	本塁打	打点	盗塁	打率
1983	阪神	113	371	107	35	83	0	.288
1984	阪神	104	356	116	27	73	1	.326
1985	阪神	126	497	**174**	**54**	**134**	1	**.350**
1986	阪神	126	453	**176**	**47**	**109**	2	**.389**
1987	阪神	123	453	145	37	79	1	.320
1988	阪神	22	78	25	2	8	0	.321
	通算	614	2208	743	202	486	5	.337

21. 最も愛された助っ人
――ウォーレン・クロマティ（1991年・カンザスシティロイヤルズ）

「まぁ負けた時は監督が悪いんだよ。選手はみんなよくやってんだからさ」

親分は、べらんめえ口調のあの名調子でそう言った。1981（昭和56）年秋、両球団が同じ本拠地を使用することから〝後楽園シリーズ〟と呼ばれた巨人との日本シリーズ第4戦。相手先発の江川卓に2点に抑え込まれ、試合後に敗戦を振り返る日本ハムの大沢啓二監督は、テレビカメラの前で記者に囲まれ、なんとタバコをふかしながらコメントしていた。

えっ、刑事ドラマの取調室？　なんて一瞬錯覚しそうになるド迫力シーンだが、そう言えば日本球界のヘビースモーカーぶりにカルチャーショックを受けていたのが、来日直後のウォーレン・クロマティである。

MLBのエクスポズで通算1063安打を放った現役バリバリの大リーガーは、84年に3年180万ドル（約4億2480万円）の大型契約で王貞治新監督率いる巨人へ入団。30歳とまだ若く、1年目からチーム最多の35本塁打を放った背番号49は、2年目の85年も打率・309、32本塁打、112打点の好成績で、原辰徳に代わり第50代4番打者を託された。シーズン末の骨折で無断帰国をかまして罰金100万円を科せられるオチはついたが、愛息に〝コーディ・オー・クロマティ〟と名付けるほど、ボスとの関係も良好だった。

1987年、逆転2ランを放ちガッツポーズするクロマティ

スタンドへのバンザイコール、拳を突き上げる派手なガッツポーズ、左打席での極端なクラウチングスタイルの構えに勇気づけられ、少年たちはファンタグレープ片手に放課後の校庭で真似したものだ。

3年契約最終年の86年シーズンは打率・363、37本塁打、98打点、OP

S1・095。勝利打点18という無類の勝負強さを発揮。ランディ・バース（阪神）の2年連続三冠王で打撃タイトルの獲得こそならなかったが、クロマティは王巨人の救世主と称された。

10月2日、頭部死球を受けた翌日に入院先の慶応病院から神宮球場のヤクルト戦へ直行し、3対3で迎えた6回表二死満塁の場面、緊急代打でバックスクリーンに満塁ホームランを叩き込んだシーンは今でも語り草だ。「週刊ベースボール」86年9月22日号と10月20日号表紙には、「神様、仏様、クロウ様……G党はあなたを支持します」「クロウ、君こそ巨人の誇りだ」という見出しが躍っている。

だが、開幕前に「今年で引退してミュージシャンになる」と宣言した翌87年は一転、中日戦で乱闘騒ぎを起こし、西武との日本シリーズでセンターを守った際にシングルヒットで一塁走者の生還を許すなど〝怠慢プレー〟と叩かれてしまう。

88年6月13日には甲子園の阪神戦で左手に死球を受け親指骨折で離脱して、代役の呂明賜が大活躍すると、クロウ不要論も一部では報道される。同時期に、趣味の音楽ではロックバンド「クライム」でドラムを担当し、『夜のヒットスタジオ』でご機嫌な演奏を披露、アルバム『テイク・ア・チャンス』でCDデビューもした。いやドラムを叩くって手の骨折箇所にめっちゃ悪い気が……じゃなくて、自宅にスタジオを作るのに数千万円を投じたものの、売上げは約3万枚で印税は150万円程度だったという。

この頃、『とんねるずのみなさんのおかげです』では学園コントにも挑戦しているが、それも〝ジャイアンツのクロウ〟という看板があってこそ。もっと音楽活動をやりたいし、離婚の慰謝料も馬鹿にならない。やっぱり日本で稼ぐならオレには野球しかないネ。平成に突入した89年、年俸150万ドルで残留した男は凄まじい快進撃を見せる。長打狙いから確実性重視の打撃スタイルにモデルチェンジ。序盤から安打を量産し、5月下旬の時点で打率・470を超えるハイアベレージを記録。8月20日の96試合終了時に打率4割台を維持したまま、130試合制の年間規定打席403に到達し、この後の試合を休めばプロ野球初の4割打者が誕生していたことになる。最終的には打率・378で初の首位打者を獲得、MVPにも選ばれ、チームは8年ぶりの日本一に輝いた。

まさにキャリアの絶頂を迎えた最強助っ人。だが、36歳のクロマティは翌年、日本での「最後の1年」を迎えることになる。来日7年目の90年シーズン、例年通りキャンプ終盤にチームに合流したクロウは、ホテルの自室に大量のCDやカセットを持ち込み、レンタルビデオでリラックス。藤田元司監督の許可を得て、マイペース調整を続ける。

数年前からの恒例「今シーズン限りで野球は終わらせて、ミュージシャンになる」宣言は相変わらずで、毎度お騒がせの引退パフォーマンスとマスコミも呆れ気味。実際は年俸230万ドル（当時のレートで約3億3000万円）まではね上がり、キリンラガービールのテレビCM出演や、ファミコンソフト『スーパーリアルベースボール』のイメージキャラクターにも起用されるニッポンのスーパースターの座を捨てるわけがないと見られていた。

しかし、背番号49は開幕から想定外の打撃不振に襲われる。4月は打率2割台前半に低迷。前年の序盤は4番原が絶好調でマークが分散したが、その原が開幕戦で故障離脱してしまい、相手バッテリーからクロウは歩かせてもいいと勝負を避けられ、それにイラついてボール球に手を出しバッティングを崩す悪循環。

6月2日の広島戦で敬遠球を強引に打ちにいきサヨナラ打を放つ印象的な活躍もあったが、淡白なプレーが目に見えて増え、打率4割に挑戦した前年の輝きはなかった。しかも自分が絶不調でも、斎藤雅樹や桑田真澄が中心の若返った投手陣が引っ張るチームはリーグVに向けて独走している。

90年7月12日、クロウはオールスター外野手部門ファン投票1位に選ばれると、「これが、オレにとって、おそらく最後のオールスターゲームになるだろう」とコメント。7月23日には外国人記者クラブに招かれ、「来年からは子供とアメリカで一緒に暮らしたい」と具体的なプランを語り、今度こそ9月で37歳になるベテランの引退宣言かと話題になった。

球宴前から後半戦のスタート4試合にかけて自己ワーストの31打席ノーヒット。8月1日のヤクルト戦ではスタメン落ちする極度のスランプだったが、3日の広島戦で天敵の川口和久から32打席ぶりのヒットとなる決勝の6号2ランを放ち意地を見せる。

この約1カ月ぶりの本塁打から調子を上げていくが、クロマティの90年最終成績は打率・293、14本塁打、55打点という来日以来最低の成績に終わった。それでも、藤田巨人は88勝42敗で2位広島に22ゲーム差をつけ、9月8日に右膝靭帯断裂から復活を遂げていた吉村禎章の劇的サヨナラ2ランで、史上最速の大独走リーグV2を達成する。

優勝決定後は「日本に来て7シーズンで3回もリーグ・チャンピオンになれたんだから、オレはとても楽しかったよ」なんて自身のキャリアの総括をする一方で、予定されていた引退会見をキャンセルして「すべては日本シリーズが終わってから発表したい」

と現役続行を匂わせる。当時の「週刊ベースボール」では、9月上旬にクロウと話し合いを持った藤田監督が「こちらから辞めろとは言わない」と明言しており、本人が希望すれば残留の可能性も大いにあった。

しかし、同時期の「週刊ポスト」90年9月21日号掲載のインタビューが物議を醸す。「99・9パーセント、引退するといっておくよ」と宣言してから、「オレとしては日本シリーズでエキサイトすることはできないんだよ。なんだか、セとパが入り乱れて試合する春のオープン戦みたいに思えちゃうし……」とか「日本では〝栄光の巨人軍〟といっても、オレには分からない。育った環境が違うんだから、ワールドシリーズへの想いと、日本シリーズを一緒にはできないんだ」なんて、すでに気持ちが切れたかのような発言を連発し、実際に巨人は日本シリーズで黄金時代の西武ライオンズにまさかの4連敗で終戦してしまう。

ストーブリーグの巨人とクロウの交渉の行方が注目されたが、12月に巨人は新外国人選手のフィル・ブラッドリー獲得を発表。クロウはロイヤルズでの大リーグ復帰を選択する。「週刊ポスト」91年3月22日号の直撃には「ま、今後は、2年前に設立したプロダクションで、ユーミンの曲をプロデュースしたいと思ってるんだよ」なんて謎のプランを披露する一方で、「巨人はオレの年俸をかなり減らそうとしたので、辞める決心をしたのさ」と恨み節。

翌91年、雑誌「宝石」8月号に掲載された梅田香子《ようこ》によるインタビューでは、「去年の11月。国際電話で通訳のヒラノが年俸ダウンならもう1年契約してもいい、と言ってきた。信じられるかい？　こんなに巨人のためにやってきたのに、オレのことをヤツらは侮辱した。悲しかったよ」と、年俸ダウンを不服としての退団だったことを明かした。つまり、条件次第では91年も巨人8年目のシーズンを迎える意志はあったということだ。

スーパースターの日本時代は230万ドルだった年俸も、ロイヤルズでは出来高含め30万ドルほど。ときに慣れない一塁を守りながら代打中心の起用で3割を超える打率を残したが、91年シーズン中に現役引退を表明した。

91年開幕前発売の名著『さらばサムライ野球』（ウォーレン・クロマティ／ロバート・ホワイティング、翻訳・松井みどり、講談社）では、日米文化論からチームメイトの素顔まで書き尽くしているが、現役最後の90年シーズンのプレー描写だけは、尊敬する王さんに電話で臨時打撃コーチを依頼したが、今度ばかりは功を奏さなかった……と異様に短い扱いであっさり終えている。まるでエピローグのような扱いだ。

そう、クロウにとって巨人7年目の90年は、エンドロール後のエピローグのようなシーズンだった。ある意味、MVPと日本一のすべてを成し遂げた89年に、栄光のストーリーの本編はすでに終わっていたのだ。

NPB7年間で通算打率・321、951安打、171本塁打、558打点。クロウと決別した巨人は、その後しばらく苦労することになる。なにせ退団から30年経った今も、クロマティ以上の人気と実力を持つ自前の外国人野手はひとりも現れていないのだから。

さて、そんな巨人史上最強助っ人が、自身のYouTubeチャンネルで「大リーグで間違いなく通用した」と絶賛する日本人プレーヤーがいる。

巨人を完膚なきまでに叩きのめした、最強・西武ライオンズを象徴する男、秋山幸二である。

21　W. クロマティ

年度	所属球団	試合	打数	安打	本塁打	打点	盗塁	打率
1984	読売	122	457	128	35	93	4	.280
1985	読売	119	482	149	32	112	4	.309
1986	読売	124	471	171	37	98	6	.363
1987	読売	124	476	143	28	92	2	.300
1988	読売	49	186	62	10	36	1	.333
1989	読売	124	439	**166**	15	72	7	**.378**
1990	読売	117	450	132	14	55	2	.293
	通算	779	2961	951	171	558	26	.321

22.「メジャーに一番近い男」の卒業
――秋山幸二（2002年・福岡ダイエーホークス）

あの頃、大リーグは遠かった。

小学生が知っている外国人はアーノルド・シュワルツェネッガーとジャッキー・チェンとウィッキーさん。80年代から90年代初頭にかけてインターネットや動画配信は、『ドラえもん』のひみつ道具並のリアリティのなさで、衛星放送も地方の一般家庭ではまだそこまで身近ではない。11月の午後にやっていた日米野球と、『ファミスタ』の対戦時に使うと友達を失うレベルで強すぎる〝メジャーリーガーズ〟が、大リーグの凄さに触れるほとんど唯一の機会だった。

基本、海の向こうで超人たちがしのぎを削る未知のもの。だから、日本の野球ファンは、マイケル・ジャクソンやマドンナの来日公演を見に行く感覚で、神宮球場へ突然やって来たボブ・ホーナーの空高く舞うホームランを楽しんだものだ。そういう時代にNPBで「メジャーに一番近い男」と言われたのが、西武ライオンズの秋山幸二だった。

西武黄金時代を支えた秋山は強くて速くて華があった。大学進学希望から一転プロ入りを表明し、1980（昭和55）年ドラフト外で全球団から声が掛かる争奪戦を制した西武に入って野手転向。田淵幸一の後継者として長距離砲の英才教育を受け（一方でそのセンスに惚れてアベレージヒッターに育てようとするコーチもいたが）、田淵本人からバットを譲ってもらい使用していたこともある。

2000年、2000安打を達成した秋山幸二

アメリカ留学を経て、レギュラーに定着したプロ5年目の85年にいきなり40発を放ち、86年も41本、背番号を24番から1番へ変更した87年には43本塁打、38盗塁で、初のホームラン王を獲得した。ちなみに3年連続40本塁打は、落合博満も松井秀喜も達成していない偉業である。

86年から3年連続日本一の原動力となり、『北斗の拳』のケンシロウのようなバキバキの肉体から繰り出されるスイングスピードは超一級品で、〝AK砲〟と称された相棒・清原和博をして、「ネクストサークルで、空振りしてブンッて音聞こえたのは秋山さんと松井（秀喜）だけ」と言わしめる生粋のパワーヒッターだった（YouTube「片岡篤史チャンネル」より）。

89年にはトリプルスリー達成、日本シリーズで巨人相手に4連勝した90年には35本塁打・51盗塁で盗塁王に輝く。この「30本・50盗塁」はNPBで秋山のみの偉業だ。三塁手から外野手転向後のセンターの守備は球界一と称され、87年から10年連続でゴールデングラブ賞を受賞している。

来日した助っ人選手たちも「メジャーのどの球団でもレギュラーになれる」と驚愕するスピードとパワーを併せ持ち、ホームランを打ったら軽々とバク宙までしてしまう。長い間、同じ釜の飯を食ってきたベテラン選手は、こう絶賛している。

「あのバッティング、あの守備、あの走り……。秋山は実際、同じプロ野球選手の目から見てもスーパースター的存在の男なんだよな」（「週刊ベースボール」93年12月13日号）

そんな強い西武の象徴だった背番号1だが、徐々にその扱いが微妙になっていく。90年オフの契約更改で清原が史上最年少で1億円を突破したのとは対照的に、秋山にはわずかに大台に届かない9800万円が提示される。「90年代レオの顔はキヨマー」という球団の意志表示のようでもあった。森監督とは、バントのサイン拒否事件（黒江透修コーチから「バント自信あるか？」と聞かれ「ないです」と答えたら交代させられた）から、長い髪を切れ、切らないという些細なことまでそりが合わず、間が悪いことに秋山自身の不倫騒動も追い打ちをかけ、度々トレード話が週刊誌上を賑わせた。特に巨人が熱心で、槙原＋水野、もしくは桑田まで交換相手の名前が挙がったが、93年11月に恩師・根本陸夫が仕掛けたトレードでダイエーホークスへ電撃移籍。チームの顔として地元・九州出身の全国区スター秋山を欲しがったダイエーと、佐々木誠のガッツあふれるプレースタイルを求めた西武の思惑が一致。両者を軸とした3対3の大型トレードだった。翌年には森体制が終焉、石毛宏典や工藤公康も福岡へ去り、時を同じくして10年間で9度のリーグ優勝、7度の日本一を成し遂げたライオンズ黄金期も終わりを告げる。

「選手生活は一球団で終えるのがベストだが、トレードは野球界にとって日常だ」と自らに言い聞かせて渡った31歳の新天地。まだホームランテラスが設置されていない広大な福岡ドームの高い外野フェンスに阻まれ、94年は24本塁打に終わる（フェンス直撃でスタンドに入り損ねた打球が、覚えているだけで7本はあったという）。このオフには、セ・リーグの野球も一度経験してみたいと長嶋巨人へのFA移籍を考えたが、根本の執拗な説得もあり、翌95年から王貞治が監督に就任するダイエーへの残留を選択する。

気が付けば、周りは年下の選手ばかりだ。しかし、世界の王が怒れば怒るほど萎縮してしまう若い集団をいかに強くするか。西武時代は石毛や辻発彦といった年上の選手に引っ張ってもらったが、今度は自分が若手を引っ張る立場だ。やがて本塁打王争いからは遠のき、守備位置はライトで起用されることも増えたが、個人記録よりも秋山はリーダーとしてチームを勝たせることに尽力するようになる。

背番号1が初代主将に就任した99年、王ダイエーは初のリーグVと日本一を達成。秋山はペナントこそ打率・256、12本塁打と不本意な成績だったが、日本シリーズでは第1戦で右ふくらはぎに死球を受けながらも、攻守で若いチームを牽引してMVPを獲得する活躍をみせた（2球団でのシリーズMVPは史上唯一）。37歳となり、持病の腰痛は年々悪化していたが、短期決戦の経験と集中力は健在だった。シリーズ終了直後の日曜日、重圧から解放されたご機嫌なキャプテンは家電量販店で最新型のパソコンと30万円もする高価なマウンテンバイクを買い、オフにはデジタルカメラで撮影した写真に凝ったり、野球のことを考えないよう油絵を描く意外な一面も持っていた。

２０００年8月18日にはプロ20年目、自身２０００試合目での通算２０００安打を達成。ドラフト外選手では史上初の快挙だ。だが、01年はキャンプ中に右肩痛に襲われ、18年ぶりの開幕二軍スタート。一時代を築いた超人にも終わりは近づいていた。そして、プロ22年目の02年、40歳の秋山幸二は「最後の1年」を迎えるのである。

オフ恒例のグアム自主トレで1日7時間のハードなトレーニングをやりきり、キャンプの声出しでは「もう一度、日本シリーズMVPを狙う」と宣言。02年オープン戦は35打数13安打の打率・３７１と、例年は花粉症に悩まされる苦手な春先から好調をキープした。初本塁打はチーム12試合目の4月15日の日本ハム戦、4月の月間打率・３２２と好スタートを切る。

〝ミスターメイ〟と呼ばれた男は、5月も3割キープ。しかし、6月になると不振に陥り、当時の「週刊ベースボール」名物コーナー「記録の手帳」では、秋山の4打席目以降の弱さが指摘されている。第3打席は57打数22安打の打率・３８６、しかし第4打席は32打数2安打の打率・063と急降下。あの王監督でさえ、現役最後の80年は3打席目まで打率・261、4打席目以降は打率・169と、目に見えて体力と集中力が落ちていた。自分じゃまだ若いと思っていても、数字が追ってくる。逃れようのない中年のリアルだ。

6月8日のオリックス戦で放った第5号アーチを最後に本塁打は止まり、7月は月間打率・217までダウンした。打球は上がらなくなり、外野守備でもあと一歩が届かない。02年シーズンは、6月の日韓W杯サッカーの日本戦開催日はプロ野球も休みになる変則日程で、体を休ませる時間はあった。それでも、去年までとは違い腰の状態は上がらず、下半身全体にしびれがくる。初めて妻に「もう、今年で終わりかな……」と告げたのもこの時期だ。最後と覚悟していたオールスター第1戦が行われた7月12日、秋山は東京ドームのスタンドに家族を招待した。

球宴明けには、誰よりも怪我に強かった男が、椎間板ヘルニアで4試合連続の欠場。そして、運命の8月20日を迎える。この日、西武ドームで首位を走る西武に完封負けを喫し連敗、残り試合を考えると絶望的な14・5ゲーム差まで広がった。もちろん当時はまだCS制度はない。

自著『卒業』（西日本新聞社）によると、その夜のミーティングで王監督は「優勝はできないが、2位の可能性はある。せめて一つでも順位を上げよう。個人成績をアップさせよう」と、事実上のペナント終戦を口にする。勝つことに誰よりもこだわるあの王監督の無念の言葉を聞きながら、秋山は自身の中で張りつめていた糸が切れるのが分かった。

これで終わりだ、と。

その夜の内に王監督の部屋を訪ね、現役引退の意志を告げる。当然、驚く世界の王から慰留されるが、秋山の意志は固かった。DHならまだやれたが、打って走って守ってこそ野球選手という己の美学を貫いたのだ。自分がそうだったように若い選手は先輩の生き様を見ている。貴重な出場機会も将来がある彼らに譲るべきだ。遠征から戻った8月26日、福岡ドームで引退記者会見に臨む背番号1。シーズン36試合を残しての突然の発表だった。

02年10月5日、西武ドームでの西武戦に「1番センター」で出場。古巣選手会からの強い要望で実現したセレモニーは、バックスクリーンでの記念映像の上映に加え、始球式でかつての盟友・渡辺久信と伊東勤がバッテリーを組む豪華演出。試合後はレオナインによる胴上げで送り出された。

翌6日は福岡ドームでのロッテ戦、前日と同じく「1番センター」で出場した秋山は、1回表の守備に就き、その裏の第1打席で清水直行の投じた3球目の直球を打ち上げライトフライ。この9063打席目が現役最後のスイングとなった。


こうして、秋山幸二は野球選手を卒業した。引退試合が終わり、腰椎分離症の手術に踏み切ると、医師から「普通の人なら車いすですよ」と言われる状態だったという。通算2157安打、437本塁打、1712三振。張本勲に次ぐ史上2人目の400本塁打・300盗塁を達成。9年連続30本塁打以上は王貞治の19年連続に次ぐ歴代2位。日本シリーズ通算15本塁打はONに次いで、清原と並ぶ3位タイだ。オールスター戦の18年連続ファン投票選出は日本記録でもある。

記録にも記憶にも残るNPB史上最高の5ツールプレーヤー。あと10年遅く生まれていたら、イチローより早くメジャーリーグでスーパースターになっていただろう。その驚異的な身体能力だけでなく、ライオンハートも併せ持つ。競争が厳しい西武時代に833試合連続出場を記録したように、とにかく多少の怪我では休もうとしない選手だった。

ダイエー初優勝が懸かっていた99年シーズン9月、秋山は西武の松坂大輔から顔面に死球を食らい病院へ直行。頬の骨折で全治2週間の診断も、なんとそのまま病院から球場へ戻り、試合終盤にはトレーナー室のモニターで戦況を見つめる背番号1の姿があった。

そして、スポーツ用品メーカーの担当者を呼び、「腫れが引けばすぐ試合に出るから、左顔面を保護する特別仕様のヘルメットを準備してくれ」と頼むのである。もちろんすぐには戦列復帰できなかったが、王監督から「アキがベンチにいるだけでも、みんなは安心する」と懇願され、チームには帯同し続けた。

そういう不屈のリーダーの背中を見て育ったのが、若手時代の小久保裕紀や城島健司だ。負け癖のついていた組織に勝負への執念を植えつけ、王者西武の遺伝子を福岡の地に持ち込んだ男は、初代主将と監督を務め、常勝ホークスの礎を築いたのである。

さて、時計の針を少し戻そう。その秋山が西武時代に2年連続のホームラン王を狙った88年、パ・リーグのキング争いで異変が起きる。40歳の大ベテランが、大本命・秋山を上回る44本塁打を放ってみせたのだ。その選手とは、〝中年の星〟と呼ばれた門田博光である。

22　秋山幸二

年度	所属球団	試合	打数	安打	本塁打	打点	盗塁	打率
1981	西武	3	5	1	0	0	0	.200
1984	西武	54	140	33	4	14	6	.236
1985	西武	130	468	118	40	93	17	.252
1986	西武	130	492	132	41	115	21	.268
1987	西武	130	496	130	**43**	94	38	.262
1988	西武	130	517	151	38	103	20	.292
1989	西武	130	478	144	31	99	31	.301
1990	西武	130	476	122	35	91	**51**	.256
1991	西武	116	455	135	35	88	21	.297
1992	西武	130	480	142	31	89	13	.296
1993	西武	127	470	116	30	72	9	.247
1994	福岡ダイエー	129	473	120	24	73	26	.254
1995	福岡ダイエー	122	476	127	21	66	13	.267
1996	福岡ダイエー	121	466	140	9	66	13	.300
1997	福岡ダイエー	97	371	91	12	52	11	.245
1998	福岡ダイエー	115	423	110	10	49	7	.260
1999	福岡ダイエー	113	386	99	12	44	3	.256
2000	福岡ダイエー	124	427	112	5	48	2	.262
2001	福岡ダイエー	82	269	77	11	32	1	.286
2002	福岡ダイエー	76	229	57	5	24	0	.249
	通算	2189	7997	2157	437	1312	303	.270

23. 不惑の大砲のラストダンス
――門田博光（1992年・福岡ダイエーホークス）

「年食っても、ハンデもらえるわけでもシルバーシートに座れるわけでもない（笑）。40歳になっても四番打ってますからね。失敗は許されんのですよ。倒れたくても倒れられない。今日打てなかったら、明日のことが気になる。だから、40過ぎても夜中素振りしてから寝ようかな、と考えたりする。まあ、因果な商売ですよ。40にして惑わずどころじゃない」（「週刊ベースボール」88年6月13日号）

打率・311、44本塁打、125打点、OPS1・062。かつて、これだけ打ちまくった「40歳のスラッガー」がいた。1988（昭和63）年の門田博光である。この年、王貞治の40歳時の30本塁打、野村克也の40歳時の92打点といった大打者たちの記録をことごとく更新する。

昭和最後のシーズン、疲れたら800円のユンケルを飲んで気合いを入れた門田のように、サラリーマンたちも24時間戦おうと猛烈に働いて飲んで遊んで、当時の日本は未曾有の好景気へ突き進んでいた。「週刊ポスト」88年3月11日号の「竹村健一のジャパニーズ・ドリーム論」では、「この好景気現象はなんだ！　内需革命――これは明治維新以来の大快挙や！」という、やたらとテンションが高い特集が組まれている。

トヨタのクラウンは、目標販売台数1万4000台に対して1カ月で5万台の注文が殺到。家電製品も好調で、ホームベーカリーは松下電器だけで50万台が売れる大ヒット商品に。一番高いもので76万5000円もするパナソニック・オーダーシステム自転車は、月間500台の予想が1300台も売れた。今となっては現実感がない話だが、金が余っていたのだ。全国各地に豪華リゾート地が続々とオープンして、将来的にレジャー産業は100兆円に成長するだろうとまで予測された。JR東海のCM〝ホームタウン・エクスプレス〟では、山下達郎の『クリスマス・イブ』が流れる中、当時15歳の深津絵里が遠距離恋愛中の彼氏を持つ女の子を瑞々しく演じきり、これ以降クリスマスはカップルで過ごすイメージが定着する。小説家の村上龍は都市で生きる風俗嬢たちを描いた短編集『トパーズ』を発表。80年代後半、バブル景気はピークを迎えつつあった。

そんな華やかな時代に、「野球は打率じゃない。ホームランこそロマンだ」と無骨なフルスイングを繰り返し、弾丸ライナーを連発したのが背番号60だったのである。天理高時代は練習試合を含め本塁打ゼロだった外野手が、背筋とリストの強さを武器に社会人野球のクラレ岡山で猛練習を積み開花。当たりクジ付きのランプが回る自動販売機では100円あれば2、3本は飲めた驚異的な動体視力を誇り、身長は170センチ弱と小柄だが、体重81キロのどっしりとした下半身から放たれる打球は凄まじかった。全盛時には1キロの重いバットを振り回し重いボールで打撃練習という、『ドラゴンボール』の孫悟空の重い道着のような訓練を己に課し、相手チームの元三冠王ブーマー（阪急）も、「打球の速さは当時の日本では別格。一塁を守っていて、正直怖かったほど

1992年６月、史上３位となる567号本塁打をマークした門田博光

だ」（「サンケイスポーツ」２０１８年10月16日）と恐れていた。

プロ2年目の71年に一本足打法で打点王を獲得、その後は度々確執が報じられたノムさんとクリーンナップを組んで南海の主軸を張るが、79年、30歳のキャンプ中に右アキレス腱を断裂してしまう。病院で診察台を思いっ切り叩き、「先生、家のローンどないしますんや」と詰め寄る門田。一時は再起不能と言われながらも、「ホームランなら歩いて帰って来られる」なんて不屈の闘志で、翌80年に41本塁打を放ちカムバック賞を獲得。主にＤＨを主戦場とし、81年と83年にホームランキングに輝き、87年に通算２０００安打を達成した。

関西の球場へは奈良の自宅から電車通勤。酒はほとんど飲まず、自宅に陶芸小屋を持ち、休日には油絵の絵筆を握る。ひとり旅を愛し、読書や家庭菜園をのんびり楽しむ地方公務員のような異端のプロ野球選手。そんな寡黙な求道者は、88年に本塁打王、打点王、最高出塁率、ＭＶＰ、正力賞と賞レースを総なめにする。門田はスポットライトを浴びにくかった当時のパ・リーグの南海ホークスにおいて、一躍〝中年の星〟と時の人になった。「週刊現代」88年9月17日号の「逸見政孝のスーパートーク」のゲストに呼ばれ、中年世代の代表と持ち上げられることについて、本人はこう豪快に笑い飛ばす。

「(中年の) 鑑だの星だの、ぼくのガラじゃない。そこらに落ちとるイモと一緒や(笑)」

しかし、だ。皮肉なことに門田の野球人生の絶頂期に、南海はダイエーに身売りをする。88年10月15日、大阪球場での南海ラストゲームで門田も思わず涙。プロ入り以来19年間もプレーしたホークスにもちろん愛着はある。だが、九州は遠すぎた。子供が高校生で、福岡に連れて行くなら転校させなければならない。自著『門田博光の本塁打一閃――ホームランに魅せられた男』(ベースボール・マガジン社) によると、一時は引退すら考えたが、迷った末にオリックスの上田利治監督に「関西にいなければならない状況にあるから、とってくれないか」と相談する。上田監督は「本当か」と念を押したうえで、すぐ獲得に手を尽くしてくれた。そのあとに近鉄からの打診もあったが、先に動いていたオリックスへの移籍が決まる。

この時、南海側の決断が遅れて時間が掛かってしまい、門田は〝中年のヒーロー〟から一転、マスコミに叩かれてしまう。時はバブル絶頂だ。男は家庭を犠牲にして働くのが当たり前という昭和の価値観がまだ根強く残っていた。「ベテランのワガママ」「単身赴任しないのか」という理不尽な非難もあった。そんな雑音を、オリックスで背番号78をつけた門田は己のバットで振り払う。

松永浩美、ブーマー、石嶺和彦、藤井康雄らと破壊力抜群の〝ブルーサンダー打線〟を形成。もちろん『サタデー・ナイト・フィーバー』を撮ったジョン・バダム監督のアメリカ映画『ブルーサンダー』や、プロレスラー天龍源一郎の入場曲『サンダー・ストーム』とは何の関係もない。１９７０年代に大リーグ最強と謳われたシンシナティレッズの打線〝ビッグレッドマシーン〟を参考に、新生オリックスの紺と黄色のユニフォーム＝ブルーサンダーという発想だった。

89年のオリックスは開幕8連勝とペナント序盤から首位を走り、8月には一時2位に転落するが、そこから盛り返し１２１試合目にマジック8が点灯。近鉄とともに黄金時代の西武をあと一歩まで追い詰めるが、勝負どころでホームランを打った門田が、出迎えた巨漢ブーマーとハイタッチして右肩を脱臼するというまさかのアクシデントにも見舞われる。新人時代、ヘッドスライディングをしたときに外して以来、抜けグセがついてしまい、頬杖をついてくしゃみをすると肩が外れてしまうほどだった。これ以降、門田は左手でハイタッチをするように心掛けた。

最後は近鉄のブライアントの神がかった爆発力に優勝をさらわれ、ゲーム差「0」の2位に終わるが、移籍初年度の41歳・門田は打率・305、33本塁打、93打点という堂々たる成績を残した。翌90年も31本塁打を放ったが、オリックスは91年からチーム名をブレーブスからブルーウェーブへと変更し、本拠地も西宮球場からグリーンスタジアム神戸へと移転することが決定。阪急ブレーブス時代から合計15年にわたりチームを率いた上田監督は、「ブレーブスの名は消えるが、勇者魂を忘れないでくれ」という言葉を残し辞任する。昭和は終わり、平成の新時代が始まっていた。

鈴木啓示、山田久志、村田兆治、東尾修ら同時代にしのぎを削ったエースたちはすでにユニフォームを脱いだ。あとどれだけ現役生活を送れるかは分からないが、最後は生まれ育ったホークスで終わりたい――。門田はそう熱望する。もう子供も大きくなり単身赴任でも問題ない。首位西武と40ゲーム差のぶっちぎりの最下位に沈んだ、ダイエー田淵幸一監督からのラブコールもあった。球界を代表する42歳の主砲にもかかわらず、トレードではなく、異例の自由契約による同一リーグ球団への譲渡が発表されたのは90年10月15日のことだ。これにはオリックス内部からも「一選手のワガママに負けた」という厳しい声が挙がったのは事実だが、門田は「オレの人生、オレが主役」と九州へ渡った。ちなみに門田とほぼ入れ違いの形で、翌91年秋のドラフト4位指名を受け、ブルーウェーブに入団したのが、愛工大名電高の鈴木一朗である。

猛スピードで時代は変わろうとしていた。好景気に陰りが見え始め、門田の1億2900万円とも言われる高額年俸と、ほぼDH専任の大ベテランを受け入れられるパ・リーグのチームは、資金に余裕のあるダイエーしかなかったのも事実だ。新たに背番号53をつけた現役最年長の43歳は、91年6月7日に史上3人目の通算550号アーチを達成。オープン戦で左太ももを肉離れ、平和台球場の堅く老朽化した人工芝で何度も故障を再発させながら、18本塁打を放ってみせた。

若手時代にノムさんから強振しすぎるなとどれだけ注意されようが、耳を貸さず限界まで体をねじり強振した。世渡り下手な職人気質を持つ頑固者は、新興球団のダイエーで4500塁打を達成した際、花束が用意されていないことに腹を立ててベンチから姿を消し、後日、球団社長が謝罪する騒ぎもあった。50歳まで現役という夢もこの男なら可能かと思われたが、92年シーズン、門田博光は「最後の1年」を迎えることになる。

プロ23年目、キャンプでは重さ1・2キロのバットを振り5時間近く打ちこむ激しい練習を自分に課したが、開幕直前に右足のふくらはぎを痛め出遅れる。さらに追い打ちをかけるように、糖尿病からくる網膜症で2メートル先の字がかすみ出す。夏場までわずか7本塁打。フルスイングを支えてきた44歳の肉体は悲鳴を上げていた。92年8月22日の近鉄戦、雨でノーゲームになったこの試合、左打席に入った門田は、マウンドにいる投手の顔がぼやけて、ストライクのコースを見分けることもできやしない。

不眠にも悩まされ、すでに血糖値が危険な領域にまで跳ね上がり、田淵監督からは「カドよ、野球と自分の命とどっちが大切なんだ！」なんて心配されるほどの状態だった。8月30日、福島での日本ハム戦をついに「全身倦怠」の理由で欠場。その夜、門田は監督に引退の意志を伝え、翌日の帰りの福島駅ホームで「野球選手の老衰や。もう悔しさもない」とコメント。そして9月1日、精密検査のため福岡の病院に入院。4日には「カラダがボロボロになった」と現役引退を正式に表明したのである。

92年10月1日の近鉄戦、門田は「3番DH」でスタメン出場を果たす。この日は本拠地のシーズンラストゲームであると同時に、翌年には福岡ドームが完成するため、43年間の歴史を刻んできた平和台球場の公式戦最終戦でもあった。自身2571試合、1万304打席目、生涯最後の対戦相手は、当時24歳の野茂英雄である。ちなみに新人時代の野茂に公式戦初アーチを浴びせたのは、オフから話題のトルネード投法に照準を合わせトレーニングしていた門田だった。アイツから公式戦第1号を打つのはオレだ。オレしかいない。気が付けば、初対戦直前にネクストバッターズサークルから自チーム前打者のブーマーのお尻に向かって、「打つな、打つな！」と叫ぶムチャクチャな一途さも、また門田らしい。あのルーキーが、わずか2年で球界を代表するエースの風格を漂わせている。プロの厳しさを教えた相手に、今度は派手にとどめを刺されるのも悪くはない。

1球目、145キロの直球を空振り。2球目は145キロをファウル。打席に入った際、捕手からの「3球ともストレートでいきます」という言葉通りの真っ向勝負だ。そして、3球目、147キロの直球もフルスイングで空振り三振。傷だらけの背番号53のラストダンスは、歴代2位（当時）の通算1520個目の三振だった。

「なにもかもやり尽くし、自分なりにトライをし尽くし、すべて終わったな……と」

試合後の会見で、晴れやかな表情でそう語った門田博光は、文字通りボロボロになるまで命を懸けてバットを振り続け、〝職業・プロ野球選手〟に別れを告げたのである。

さて、そんな門田の若手時代、その打棒に惚れ込み、3年連続で南海にトレードを打診した男がいた。巨人の長嶋茂雄監督である。

23　門田博光

年度	所属球団	試合	打数	安打	本塁打	打点	盗塁	打率
1970	南海	79	232	58	8	31	2	.250
1971	南海	129	506	152	31	**120**	5	.300
1972	南海	125	475	147	14	58	4	.309
1973	南海	127	484	150	18	65	3	.310
1974	南海	124	432	116	27	76	1	.269
1975	南海	129	485	136	19	85	6	.280
1976	南海	125	456	137	22	77	2	.300
1977	南海	128	479	150	25	91	5	.313
1978	南海	106	360	90	15	44	3	.250
1979	南海	19	54	15	2	17	0	.278
1980	南海	111	377	110	41	84	0	.292
1981	南海	127	438	137	**44**	105	4	.313
1982	南海	107	333	91	19	45	6	.273
1983	南海	122	396	116	**40**	96	1	.293
1984	南海	108	362	103	30	78	3	.285
1985	南海	114	383	104	23	62	0	.272
1986	南海	123	416	109	25	77	2	.262
1987	南海	126	379	120	31	69	1	.317
1988	南海	130	447	139	**44**	**125**	2	.311
1989	オリックス	116	406	124	33	93	0	.305
1990	オリックス	119	446	125	31	91	0	.280
1991	福岡ダイエー	112	367	97	18	66	1	.264
1992	福岡ダイエー	65	155	40	7	23	0	.258
	通算	2571	8868	2566	567	1678	51	.289

24．さようならミスタープロ野球

——長嶋茂雄（1974年・読売ジャイアンツ）

「〝神様〟を超えた長嶋茂雄を裸にする」

35歳にして首位打者に輝いたミスターに迫った、「週刊ベースボール」71年9月27日号の特集記事である。打撃の神様・川上哲治を超える史上最多となる自身6度目のリーディングヒッター。当然、専門誌の真剣なバッティング分析記事かと思いきや、よく読んでみると「おならも快調」とか「人の家でだまって昼寝する天衣無縫」なんて見出しが並んでいる。盟主・巨人軍の4番を打つミスタープロ野球にして、突っ込みどころ満載のエンターテイナー。

ルーキーイヤーの1958（昭和33）年から国鉄の金田正一に4打席連続三振デビューや一塁ベース踏み忘れでホームラン取り消しのチョンボも、いきなり29本塁打、92打点で二冠獲得。何をしても絵になる燃える男は、天覧試合でサヨナラアーチを放った2年目から3年連続の首位打者。なお、ゴールデンボーイの出現で巨人の観客動員数は右肩上がりで上昇。入団前年の57年は約138万人（1試合平均2万1000人）だったのが、V9後期には約276万人（4万2000人）と倍増した。昭和30年代から40年代にかけて、高度経済成長期に爆発的に普及したテレビの中で躍動した国民的スーパースターは、まさしくプロ野球の象徴だった。なのに近寄りがたさではなく、圧倒的な親しみやすさがある。立教大時代のミスターが隣席の人が持っている本に驚き、「凄い便利だね！　その本、日本語訳が出てるんだ！」と絶賛したら、普通の英和辞典だった……的な逸話は数多い。みんな、そんな明るく元気な長嶋が大好きだった。

実は6度目の首位打者を獲得する前年の70年シーズン、背番号3は3年連続打点王と2年連続の日本シリーズMVP（歴代1位の4回目）に輝くが、自己最低の打率・269で一時限界説も囁かれていた。70年9月20日のスポニチ一面見出しは「雨の多摩川で川上監督手とり足とり　長島、異例の特訓」と、3割復帰を目指し黙々と1時間打ちこんだ様子が報じられている。南海のエースを張った立教大時代のチームメイト杉浦忠も引退を表明した。来季35歳、あの長嶋も永遠ではないのか?

そんな正念場の71年は禁煙して臨み、自身7本目の開幕アーチで幕開け……にもかかわらず「オレもやっと開幕戦で本塁打が打てたなあ」なんて、まったくもって謎のコメントもミスターらしい。5月25日のヤクルト戦で大卒選手として初めて通算2000安打を達成。絶好調すぎてこれから試合だというのに風呂に飛び込んだと、自著『野球は人生そのものだ』(日本経済新聞出版社)で振り返るほど充実したシーズンを過ごした。トップの王貞治に5本及ばなかったものの34本塁打を放ち、打率・320で復活の首位打者(この年のリーグ3割打者は長嶋だけ)、自身5度目のセ・リーグMVPを受賞した。阪急との日本シリーズも4勝1敗で制し前人未到のV7達成。その栄光の裏で、長嶋は現役最後になるかもしれないと思い、母をシリーズのスタンドに招待している。

球界最高を更新する年俸4920万円に到達した72年は主将の座を王に譲り、兼任コーチとして開幕。若手時代は快足で知られた自身の脚力の衰えに愕然としながらも、5月21日の広島戦ではルーキー時代以来15年ぶりの1試合3発でバンザイ。6月22日には通算400号アーチもかっ飛ばしている。前半終了時は打率3割をキープして折り返したものの夏場に急降下。終盤は右足ふくらはぎの肉離れにも苦しみ、最終的に自己ワーストの打率・266で終えた。とはいっても、27本塁打、92打点の成績で日本シリーズでは自身25本目の本塁打を放ち、チームのV8に貢献。36歳のベテランとしては充分な数字のように思えるが、「週刊ベースボール」72年10月2日号では三ゴロと遊ゴロが急増した「長嶋茂雄は限界なのか」という特集を組むなど、周囲は常に背番号3に対して〝球界の横綱〟を求めた。

すでにこの頃には、「川上哲治監督の勇退後の後継者は長嶋しかいない」という次期監督問題がマスコミを賑わす。開幕直前のオープン戦で右側頭部に死球を受けるアクシデントに襲われた73年は、5年ぶりの送りバントも記録する中、ONアベック100回目に到達。だが、「週刊ベースボール」73年8月6日号でミスターと対談したロッテ監督の金田正一が「シゲよ！ もう青年監督の時代やで」なんて余計なお世話のカネヤンぶっこみをしたり、「〝天下の長嶋〟はついに限界なのか、スランプなのか」という切実な記事も確認できる。打率・269、20本塁打、76打点で4番の座を三冠王のビッグワンに譲るケースも増えた。まだ背番号1が一本足打法で開花する前、寝坊ばかりする王の部屋に窓から入り込み、寝ぼけ眼《まなこ》の後輩を急かしながらせっせと荷物をバッグに詰め込んでやったのはミスターだった。天下のONにもそんな時代があったのだ。4つ下の弟分はやがて打撃タイトルを争う存在になり、今まさに自分を完全に追い抜こうとしている。

そんな73年の熾烈なV争いの渦中、ミスターを思わぬアクシデントが襲う。10月11日の阪神戦でイレギュラーした打球が右手を直撃。右手薬指骨折で残りのペナントは欠場し、南海との日本シリーズもコーチとして一塁コーチャーズボックスに立った。この年「別冊少年ジャンプ」連載の「長島茂雄物語」第9回のタイトルは、「不死鳥よはばたけの巻」である。チームはフラフラになりながらなんとかV9を達成したものの、ペナント最終順位の2位阪神とはわずか0・5差。頼みの長嶋も37歳だ。巨人軍は、早急な世代交代を迫られていた。

その秋には、ついに川上監督から直々に「どうだ、今年限りでバットを置いて、わしのあとを継がんか」と事実上の引退勧告を受ける。報知新聞の記者陣がセッティングした日本一の慰労会を兼ねた夕食の席でのことだ。これに対し、「お願いです。もう1年、現役でやらせてください」と畳に手をつき頭を下げたと、自著『燃えた、打った、走った!』(中央公論新社)で生々しく振り返るミスター。自分は通算打率3割にこだわるよりも、バットマンとして最後の勝負をしたい、限界までやらせてください。そう現役続行への想いを語る長嶋に、リアリストの名将・川上はあえて「どうもがいても君にはもう3割は打てん。いまが引き際だぞ」と厳しい言葉を投げかける。それでも長嶋は引き下がらなかった。「打てないのは分かってます。もう1年バットを持たせてください。お金もいりません。名誉もいりません」と食い下がったのだ。燃える男は、まだ燃え尽きちゃいなかった。2000安打も400号も、記念球は一切手元に置かない主義。過去を振り返らず、明日に向かって打ち続けた野球人生である。そして、翌74年。長嶋茂雄はプロ17年目の「最後の1年」を迎えるわけだ。

オレはまだ終わらない。キャンプからチームスタッフが驚くほどの練習量で体を鍛え直したが、開幕前に後楽園球場のロッカーが、川上監督やコーチ陣がいる幹部室へ移動する。己の意志に反して着々と埋められていく外堀。それでも大一番に滅法強いお祭り男は、プロ野球記録の5年連続10本目の開幕アーチで派手なスタートを切る。だが、これまで幾度となく不可能を可能にしてきた背番号3も、年齢だけには勝てなかった。

5月にはスランプに陥り、6月4日のスポニチ一面は「最後の大勝負!長島」。「悔いなき現役へ燃える夏」「持病の腰痛、17年間隠してきた弱点」といった見出しも確認できる。6月13日の中日戦でついにスタメン落ちし、7回に代打で登場。20日の同カードでは新人時代の球宴以来という1番サード起用。川上監督も試行錯誤を繰り返し、7月13日の阪神戦での第7号本塁打が46日ぶりの一発だった。

17年連続のファン投票選出となったオールスターでは通算7本目のアーチ。全パの張本勲が「引退なんてこと考えないで、あと3年がんばってくれませんか」と、遠慮しつつ打撃のアドバイスまでくれた。しかし、どんな状況になっても不思議と悲壮感がないのがミスターである。雑誌「平凡」74年8月号では、アイドル天地真理との対談で「ぼく、いくつに見える?」なんつってまるで合コン風に問いかけ、「30すぎてますよネ。31、2歳に見えます」と真理ちゃんに褒められてご機嫌の38歳チョーさん。

後半戦、背番号3がスタメン落ちすると、後楽園球場には「ナガシマを出せぇ!」というファンの声がしきりに飛び交った。ドキュメンタリー映画が製作され、各雑誌は競うように特集を組んだ。長嶋茂雄はGNP世界第2位を占めたエコノミック大国日本のシンボルという論調も目立つ。ミスターは10月9日の大洋戦で17年連続100安打を記録、盟友の王は2年連続三冠王に向けて打ちまくり、チームはV10を目指し懸命に最後まで粘ったが、あと一歩及ばず。

10月12日、中日の20年ぶりのリーグ優勝が決定。V10が消滅し、ヤクルト戦が行われた神宮球場内で長嶋の会見が開かれる。隣には背番号77の川上もいる。「今年はプレーしていて肉体的な衰えを強く感じることがありました」と、マイクを前にミスターはついにその言葉を口にする。

「できることならば、明日のペナントレース最終ゲームにおいて、ファンの皆様の前でひとつ〝引退〟ということを皆さんにお話しして、そしてお別れの感謝の言葉を述べさせてもらいたい。そういう心境でございます」

徹夜組のファンが後楽園球場に長蛇の列を作った13日の中日戦は雨天中止。仕切り直しのダブルヘッダーが10月14日に組まれた。なお中日は同日に名古屋で優勝パレードが行われるため、若手主体のメンバーだ。ちなみに誕生した翌日にスポーツ新聞の一面を飾ったナガシマジュニアこと長男の一茂は、父から引退試合の始球式を打診されるも断り、歯医者に行ったという。夫人も球場で見ると取り乱してしまうからと、自宅でのテレビ観戦を選んだ。

第1試合は正午プレーボール。後楽園、いや日本中の目を釘付けにしたメークドラマの主役は、第2打席で球場全体から手拍子が鳴り響く中、左翼ポール際に飛び込む通算444号。6回と7回にも安打を放ち猛打賞を記録すると、7回には王も49号3ランを右翼席に運び、通算106度目のONアベックアーチで華を添えた。翌15日のスポニチ一面には「秋晴れ後楽園に惜別5万人大観衆」という見出しに加え、「17年目の男泣き。〃脚本〃になかったグラウンド一周」とある。そう、第1試合が終わり、長嶋は自身の強い希望で球場のファンに直接挨拶をするため、一塁側ベンチを出てライトの外野方向へ歩き出した。事前予告なしの感謝のケジメだ。途中でポケットからタオルを取り出し涙を拭う背番号3。観客はその背中を見つめ、ただ前のめりで拍手を送った。仕事をサボり駆けつけた、プロ入り前の落合博満もその中にいたという。

第2試合、巨人は惜別のV9オーダーを組む。打順に悩んだ1年だったが、このラストゲームばかりはもちろん川上巨人の象徴「3番ファースト王、4番サード長嶋」だ。4番長嶋は、5回の第3打席でセンターへ通算2471安打目を弾き返す。8回裏、10対0の巨人リードで迎えたプロ9201打席目、2球目をひっかけ遊ゴロ併殺打。美しくも儚い芸術的ゲッツーだ。そして、試合後セレモニーであの有名な台詞が生まれる。「不運にも我が巨人軍は、V10を目指し、監督以下選手一丸となり死力を尽くして最後の最後までベストを尽くし戦いましたが、力ここに及ばず、10連覇の夢は破れ去りました。私は……今日、引退をいたしますが、我が巨人軍は永久に不滅です！」

挨拶前後、後楽園球場は地鳴りのような大歓声に包まれ、ところどころ嗚咽《おえつ》のような「ナガシマァ～」というファンの絶叫が聞こえてくる。『泣き虫』（金子達仁著、幻冬舎文庫）によると、元プロレスラーの高田延彦はオール横浜に選抜されるほど熱心な野球少年だったが、背番号3の引退でぽっかりと心に穴が空き、これ以降テレビの野球中継を見なくなってしまった。ザ・クロマニヨンズのギタリスト真島昌利は、「僕の中では長嶋選手は熱狂であり、興奮であり、感動だった。もう長嶋茂雄って人が僕にとってはプロ野球だった」と、澄んだ目で語っていた。高田も真島も同じ1962年生まれだ。彼らに物心がついたとき、巨人はV9真っ只中だった。少年たちにとって、「4番サード長嶋」こそ世界の真ん中だったのだ。

この日、ベテラン記者や解説席の元ライバル村山実は人目もはばからず泣いた。みんな自分のことのように泣いていた。なぜなら、それはひとりの選手のキャリアの終わりではなく、自分が熱狂した日々、己が生きたひとつの時代が終わるということを意味していたからだ。日本中で何千万人という人間がテレビの前で、打てば「やったぞ」と喜び、三振すれば「ちきしょう」なんて悔しさを共有した。それぞれのミスタープロ野球と過ごした日々。日本テレビの赤木孝男アナウンサーは嚙みしめるようにこう実況した。

「長嶋の存在は、多くの人々にとっては青春そのものであり、また希望でもありました。人々はその時々の長嶋に己を映してきました。今日はその決別のときでもあります」

74年10月14日、長嶋茂雄の引退試合は、まさしく〝国民的行事〟だった。そういう規模の引退試合はそれまでなかったし、それ以降もない。

なお、シーズン終了後のニューヨークメッツとの親善試合で背番号3はコーチャーズボックスに入り、代打で打席に立ち、三塁守備にも就いた。その出番が告げられた後楽園球場のあまりの盛り上がりに、観戦していた大リーガーの夫人部隊もいっせいに立ち上がり、「ナガシマ、ナガシマ」と大きな拍手を送ったという。戦後日本最大のエンターテイナーは第2打席に左中間へタイムリーを放ち、「でも何回も出場すると、あのときの感動が薄れてしまうから正直いって、かんべんしてほしいんだけどなあ」なんて言いつつ、最終戦の静岡草薙球場には「4番サード」でスタメンのファンサービスも。

最後は笑顔で、背番号3さよなら公演のアンコールを飾ってみせたのである。

1974年10月14日。17年の現役生活に終止符を打った長嶋茂雄

24　長嶋茂雄

年度	所属球団	試合	打数	安打	本塁打	打点	盗塁	打率
1958	読売	130	502	**153**	**29**	**92**	37	.305
1959	読売	124	449	**150**	27	82	21	**.334**
1960	読売	126	452	**151**	16	64	31	**.334**
1961	読売	130	448	**158**	**28**	86	14	**.353**
1962	読売	134	525	**151**	25	80	18	.288
1963	読売	134	478	**163**	37	**112**	16	**.341**
1964	読売	133	459	144	31	90	13	.314
1965	読売	131	503	151	17	80	2	.300
1966	読売	128	474	**163**	26	105	14	**.344**
1967	読売	122	474	134	19	77	2	.283
1968	読売	131	494	**157**	39	**125**	8	.318
1969	読売	126	502	**156**	32	**115**	1	.311
1970	読売	127	476	128	22	**105**	1	.269
1971	読売	130	485	**155**	34	86	4	**.320**
1972	読売	125	448	119	27	92	3	.266
1973	読売	127	483	130	20	76	3	.269
1974	読売	128	442	108	15	55	2	.244
	通算	2186	8094	2471	444	1522	190	.305

おわりに

　小学3年生の夏、ちょっと長嶋茂雄に似た親父に、街の書店で1冊の文庫本を買ってもらった。

　近藤唯之氏が、主に高度経済成長期に活躍したプロ野球選手の引き際を書いた『引退そのドラマ』（新潮文庫）である。その中で、例えば45歳の野村克也は自身に代打を出されて「西武なんて負けてしまえ」とベンチから願った直後、己のセコさに絶望して、精神的にオレは終わったと現役引退を決断するエピソードが紹介されている。

　実は原辰徳直撃世代の私は、そこに収録されていた40名ほどの選手の現役時代をリアルタイムで知らなかった。にもかかわらず、活字野球の狂熱にうかされ、繰り返し貪るように読んだ。

　あれから35年近く経ち、今もその熱は冷めることがない。気が付けば二児の父となり、四十肩を痛感しながらキーボードを叩き、担当の金寿煥編集マンには尻を叩かれながら、レッドブル片手にこの本を書いた。昭和が遠くなり、平成も終わり、みんなそれぞれ人生色々あったが、球界も大きく変わった。

20世紀の大スター、ONコンビはひとつの球団で始まりから終わりまでキャリアを全うしたが、平成を象徴するイチローや松井秀喜は全盛期をアメリカで過ごし、そのまま引退した。かと思えば、黒田博樹のようにメジャーリーグ経由で古巣へ戻り、広島で有終の美を飾った選手もいる。果たして、令和の田中将大は楽天復帰後にどんなストーリーを紡ぐのだろうか？

一昔前の終身雇用から、いまや転職が当たり前になったように、プロ野球選手の「最後の1年」も、時代とともに変化しつつある。

これからも私は、その無数のドラマを書き続けていくつもりだ。ボロボロになるまで、燃え尽きるまで、現役の書き手として——。

2021年春

中溝康隆

本書は、２０１９年9月～２０２１年2月に「ベースボールキング」(https://baseballking.jp/）にて連載した「男たちの挽歌」を加筆・修正、書き下ろしを加えて改題したものである。

中溝康隆　1979（昭和54）年埼玉県
生まれ。ライター。2010年開設の
ブログ「プロ野球死亡遊戯」が話
題に。著書に『プロ野球死亡遊戯』
『原辰徳に憧れて』『令和の巨人軍』
など。Twitter：@shibouyuugi

Ⓢ新潮新書

907

現役引退《げんえきいんたい》
プロ野《や》球《きゅう》名選手《めいせんしゅ》「最後《さいご》の1年《ねん》」

著　者　中溝康隆《なかみぞやすたか》

2021年５月20日　発行
2021年12月５日　３刷

発行者　佐　藤　隆　信

発行所　株式会社 新潮社
〒162-8711　東京都新宿区矢来町71番地
編集部(03)3266-5430　読者係(03)3266-5111
https://www.shinchosha.co.jp
装幀　新潮社装幀室
表作成　新潮社デジタル編集支援室

印刷所　錦明印刷株式会社

製本所　錦明印刷株式会社

ISBN978-4-10-610907-2　C0275

価格はカバーに表示してあります。